인터랙션디자인을 위한

javascript

이길배 지음

목 차

CONTENTS

CHAPTER I

인터랙션디자인

Ⅰ. 인터랙션디자인

1. 웹디자인기술의 변화

1) 인터랙션 디자인 소개

디자인의 정의를 살펴보면 디자인은 목적을 조형적으로 실체화하는 것이라고 정의하고 있다. 디자인을 분야별로 분류하면 산업디자인, 시각디자인, 제품디자인, 편집디자인, 패션디자인 등 디자인 목적 대상에 따라 다양한 분야가 존재하고 있다.

각각의 디자인 영역을 정의하는 기준은 여러 가지가 있을 수 있지만 전제 조건은 기업의 존재 이유인 이윤 추구를 지원하는 활동이라고 할 수 있다. 전통적인 분류체계로 살펴볼 때 산업디자인은 대량생산 체제의 산업에서 기업이 생산 제공하는 제품을 개발하는 디자인 분야에 해당하고, 제품이 생산된 이후에 소비자에게 전달되기까지의 마케팅활동을 지원하기 위한 디자인 영역을 시각디자인으로 분류할 수 있다. 오늘날 디자인의 대상은 컴퓨터의 발달로 제품의 영역은 유형화된 재화에서 일정한 형태를 갖지 않는 서비스로 다양화되고 있다. 2007년 출시된 아이폰은 온라인과 오프라인의 경계를 허물며 언제 어디서나 모든 기기에 접근할 수 있는 유비쿼터스 환경을 실현해가고 있으며 이를 지원하는 다양한 서비스들이 등장하고 있다. 사용자와 제품 간의 상호작용을 어떻게 디자인할 것인가를 다루는 인터랙션디자인의 영역은 다양한 분야와 연관되어 있으며 시각적인 부분과 어떻게 조작할 것인가에 대한 제품디자인 영역 등 다양한 분야의 연관되어 있다. 컴퓨터의 등장으로 시작된 HCI(Human Computer Interface)는 UI/UX디자인으로 발전하고 있으며, 스마트 폰, 태블릿, 컴퓨터를 통해 일관된 최적의 서비스를 제공하고 소비자의 지속적인 소비를 유도하는 인터랙션 디자인(interaction design, IxD)의 역할이 그 어느 때보다 중요해지고 있다.

서비스디자인으로 유명한 IDEO의 팀 브라운은 사고방식으로서 디자인씽킹(Design Thinking)을 중요하게 생각하며 전체를 바라보지 않고 하나의 제품으로 제한된 시각으로 만들어진 제품은 사용자가 실제 사용하는 환경과는 괴리된 제품이 만들어진다고 하였다. 인터랙션디자인은 다양한 분야와 연관된 다학제적 특성을 갖고 있다. 인터랙션디자인은 인간의 기능을 확장하는 도구로서 제품을 사용하는 모든 상황과 관련되어 있으며, 제품은 물리적인 부분 중심에서 전자적인 부분으로 변화하고 있고, 더 이상 제품을 소유하는 것이 아닌 서비스로서 인프라, 플랫폼, 소프트웨어 등을 소비하는 시대에 발맞춰 온라인과 오프라인을 아우르는 동적인 환경을 고려하고 인지심리, 사회경제적인 영향, 인간공학 등 제품과 연관된 모든 부분을 고려해야 할 것이다.

2) 웹기술의 변화

IT기술 발전에 따라 2007년에 출시한 아이폰과 같은 스마트폰은 데스크탑을 이용해 인터넷을 이용하던 모습을 언제 어디서나 인터넷에 접근할 수 있도록 변화시켰고, 온라인과 오프라인을 연결하는 다양한 서비스가 폭발적으로 증가하며 인터넷을 표준화하고 보안을 강화하는 기폭제가 되었다. 스마트폰이 나오기 전까지는 PC를 이용해 인터넷을 사용했지만 스마트폰 출시이후 모바일 기기를 이용한 접속이 급속도로 증가하였으며 다양한 기기에서 웹사이트가 다르게 보이는 문제가 발생되었다. 따라서 이러한 문제점을 해결하기 위해 HTML을 표준화하고 보안을 강화하고자 하는 노력이 계속된 결과 HTML4.1을 거쳐 HTML5가 출시되며 웹을 표준화하는데 큰 성과를 냈다고 할 수 있다. HTML은 웹상에서 문서를 구조화하고 CSS를 이용해 레이아웃과 글꼴, 색상 등을 조절하고 Javascript는 인터랙션을 부여할 수 있게 되었다.

1 웹표준

웹을 이용한 서비스가 증가함에 따라 웹브라우저에 동일하게 정보가 표시되고 국제적으로 장애인에게 진입장벽을 제거하고자 하는 베리어 프리 등 사회적인 요구에 따라 웹표준에 대한 요구가 증가하게 되었고 웹표준을 따라 만들어진 웹사이트는 서로 다른 웹브라우저에서 동일하게 보여질 수 있도록 관리되고 있다. Adobe Flash의 경우 동적인 애니메이션과 동영상 처리 등 강점을 갖고 있었지만 보안에 취약한 약점으로 인해 표준에서 제외되었다.
W3C에서 관리하고 있는 웹통합 검사기

사이트(https://validator.w3.org/unicorn/)에서 확인할 수 있다.

2 HTML5, CSS3, JavaScript

HTML5는 HTML의 완전한 5번째 버전으로 월드 와이드 웹(World Wide Web)의 핵심 마크업 언어이다. HTML5는 HTML 4.01, XHTML 1.0, DOM 레벨 2 HTML에 대한 차기 표준 제안이다. 비디오, 오디오 등 다양한 부가기능과 최신 멀티미디어 콘텐츠를 액티브X 없이 브라우저에서 쉽게 볼 수 있게 하는 것을 목적으로 한다.

W3C는 2014년 10월 28일 HTML5 표준안을 확정했다고 발표했다. 이후 2016년 11월 1일 HTML5의 마이너 업데이트 버전인 HTML5.1 표준안을 확정, 2017년 12월 14일 HTML5.2 표준안을 확정했다. HTML5.3 표준안은 현재 작업 초안 단계로 진행 중이다.

3 CSS Preprocessor

전처리기는 CSS 문법과 굉장히 유사하지만 선택자의 중첩(Nesting)이나 조건문, 반복문, 다양한 단위(Unit)의 연산 등 표준 CSS 보다 훨씬 많은 기능을 사용해서 편리하게 작성할 수 있다. 문법은 Sass가 Stylus와 비슷하고, SCSS는 Less와 비슷하며, Sass와 SCSS는 하나의 컴파일러로 모두 컴파일 가능하다.

2. 개발환경 구성

1) Visual Studio Code 소개

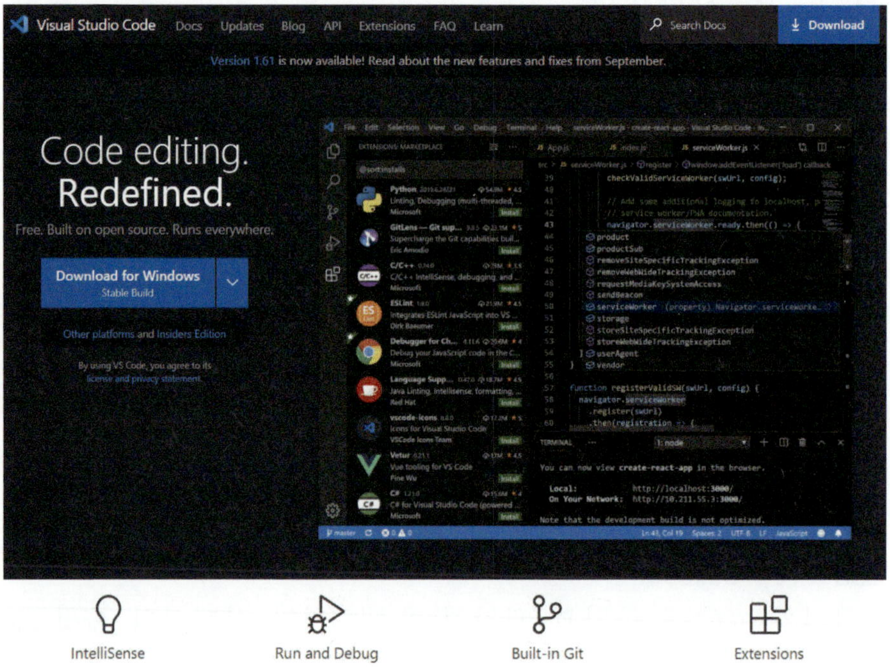

1 **Visual Studio Code**

Microsoft에서 제공하는 무료편집기로 다양한 익스텐션을 설치해서 편리하게 사용할 수 있으며 거의 모든 언어를 사용할 수 있고 사용자가 많아 다양한 레퍼런스를 참고할 수 있는 등 사용자가 계속 증가하고 있다.

2 **주요 익스텐션**

익스텐션	내용
Live Server	브라우저에서 실시간 미리보기
CSS Peek	Ctrl + 클릭 → CSS코드로 이동
prettier	따옴표 통일
Auto Rename Tag	앞/뒤 태그 같이 변경
HTML CSS Support	HTML편집시 CSS 셀렉터 자동 완성
HTML to CSS autocompletion	CSS편집시 class 자동 완성
Material Theme	색상 테마
Material Icon Theme	아이콘 테마
Bracket Pair Colorizer	괄호별 색상으로 구분
indent-rainbow	탭 영역을 색상으로 구분

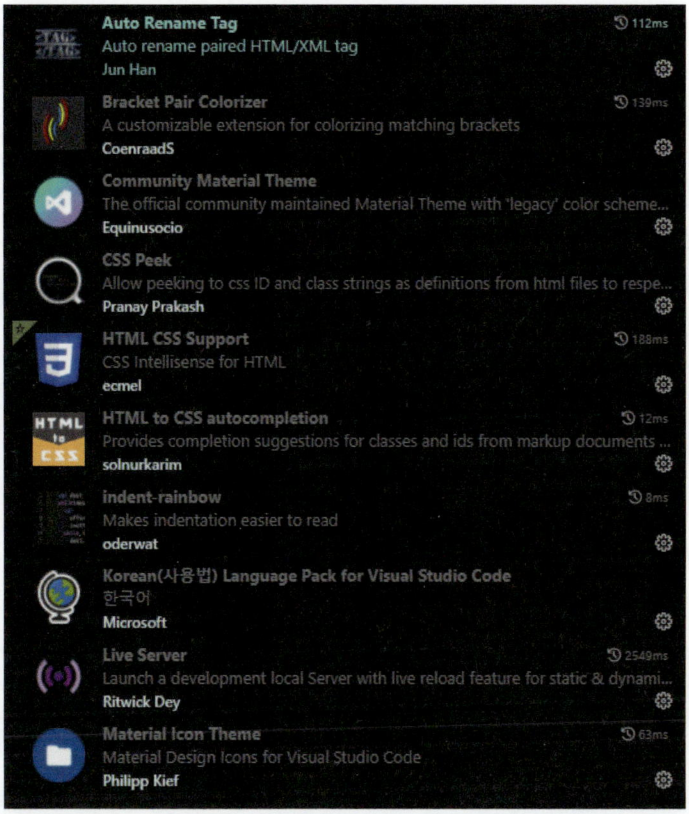

3 Emmet 소개

emmet는 Visual Studio Code에 기본으로 설치되어 있으며 단축코드를 이용해 html코드를 입력할 수 있다. 단축 코드를 입력하고 "tab" 키를 누르면 입력된다.

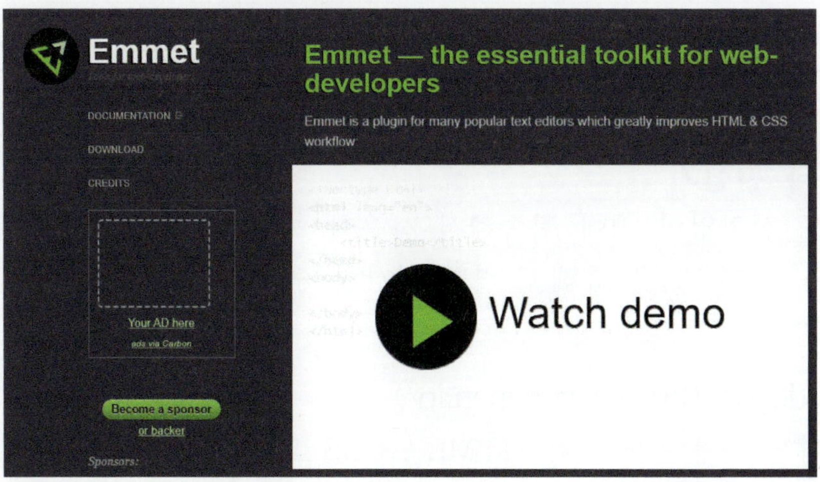

HTML을 처음 시작할 때 html문서를 만들고 VSCode를 이용해 파일을 연 후 "!" 를 입력하고 "tab" 키를 누르면 아래와 같이 html 문서의 기본틀이 입력된다.

```html
<!DOCTYPE html>
<html lang="en">
<head>
  <meta charset="UTF-8">
  <meta http-equiv="X-UA-Compatible" content="IE=edge">
  <meta name="viewport" content="width=device-width, initial-scale=1.0">
  <title>Document</title>
</head>
<body>

</body>
</html>
```

emmet를 이용한 단축입력은 아래와 같다. “codepen”과 “jsbin”에서도 동작되므로 편리하게 사용할 수 있다.

단축입력	입력 내용
!	html 기본 코드 입력
div>ul>li	">" 자식요소로 입력
div>ul+ol	"+" 형제요소로 입력
ul>li*5	"*숫자" 숫자 만큼 입력
div>ul>li^ol	"^" 부모의 형제요소로 입력
div>(ul>li*2>a)+ul>li*2	"( )" 괄호로 묶어서 처리
p{hello}	"{ }" 내용 입력
.box	".클래스명" 클래스를 가진 div태그 입력
.box${menu$}*5	"$"연속된 숫자 입력
lorem	문장입력
lorem10	10개 단어를 가진 문장 입력

2) 기타 편집기

별도 설치없이 웹에 접속해서 사용할 수 있으며 수많은 사용자들이 공유한 코드들을 통해 실력을 향상할 수 있다.

1 Codepen (https://codepen.io/)

웹에서 사용자가 만든 HTML , CSS 및 JavaScript를 바로 입력해서 테스트할 수 있으며 저장하고 공유할 수 있는 커뮤니티를 제공한다. 다른 사용자들이 공유한 다양한 코드를 무료로 사용할 수 있다. 또한 Emmet, scss등이 지원되므로 편리하게 이용할 수 있다.

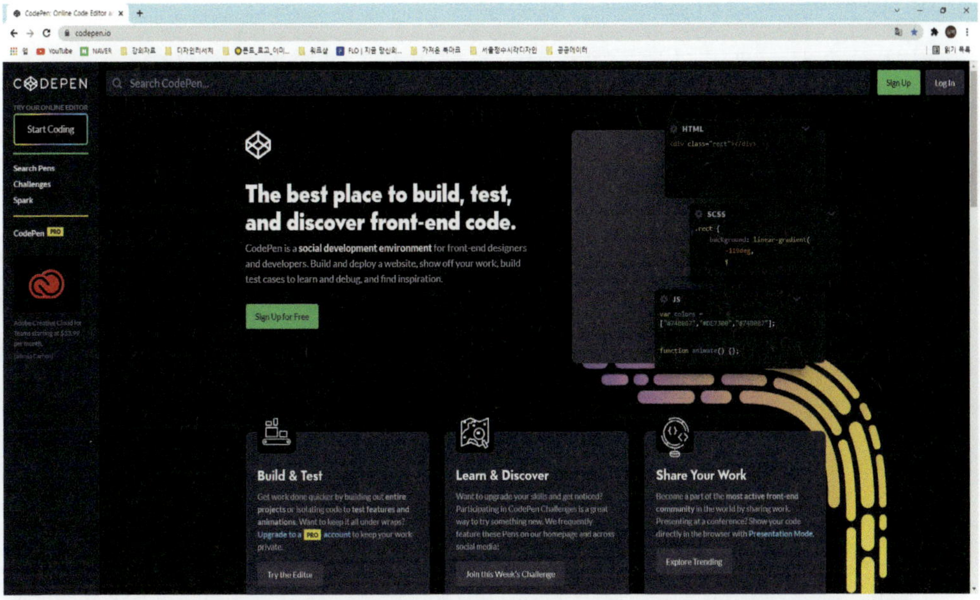

② **jsbin (https://jsbin.com/)**

jsbin 또한 Codepen과 같이 별도 설치없이 온라인에서 HTML , CSS 및 JavaScript코드를 입력하고 바로 테스트할 수 있고 확인할 수 있다.

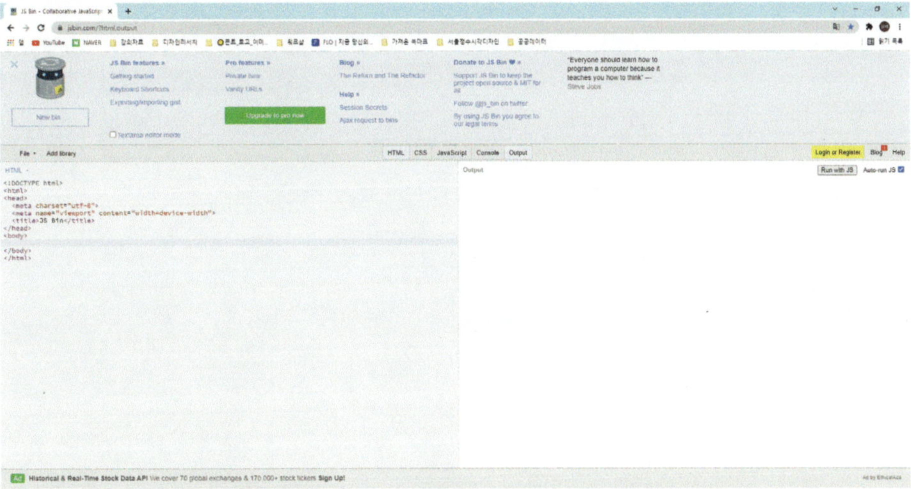

③ **서브라임텍스트(sublimetext)**

다운로드(https://www.sublimetext.com/)

서브라임 텍스트는 가볍고 확장성이 좋은 편집기로서, 국내뿐 아니라 외국에서도 많은 개발자들이 사용하고 있는 툴이다. 기본적으로 하드코딩을 염두에 두고 개발되었는데 여러가지 플러그인들이 붙으면서 그 편의성이 날로 좋아지고 있다.

기본적으로 제공되는 Monokai 테마도 인기가 좋으며, OS X 및 Windows, Linux를 모두 지원한다.

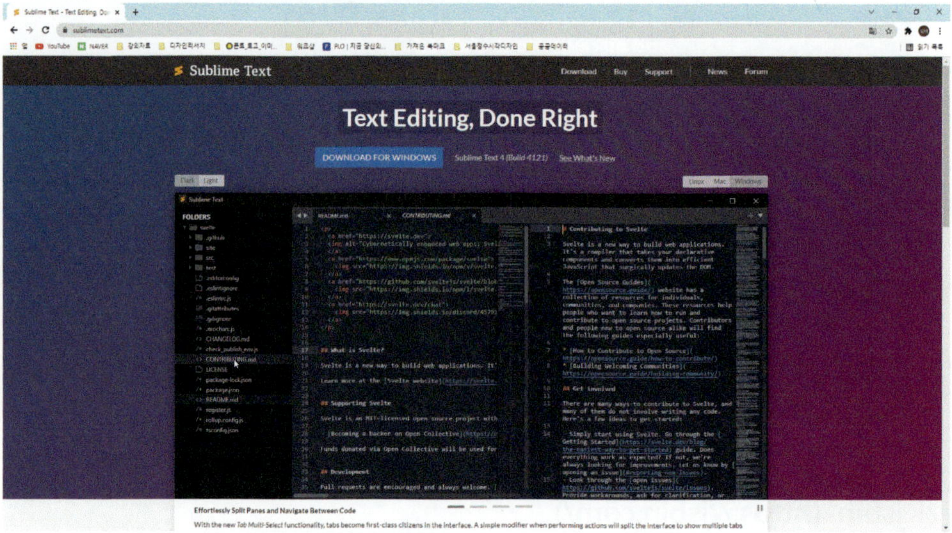

CHAPTER II

이미지편집

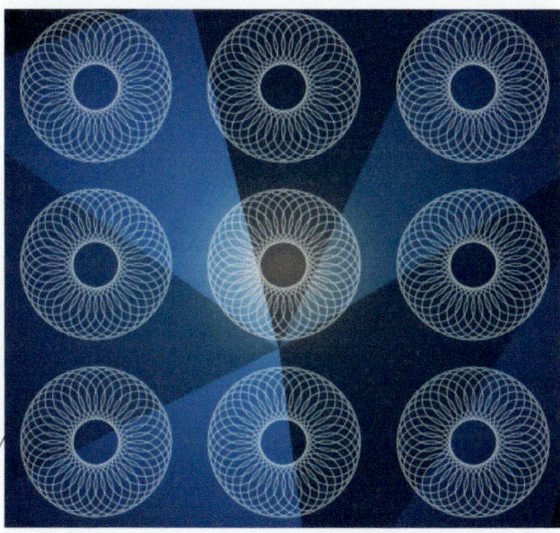

Ⅱ. 이미지편집

1. 이미지편집 기초

1) 포토샵은 픽셀단위로 색상을 채워서 이미지를 만든다.

포토샵은 비트맵(bitmap)형식의 페인팅 툴이다. 좌표를 이용해 드로잉하는 객체지향그래픽툴(일러스트레이터, 코렐드로우 등)과 구분할 수 있어야 한다. 포토샵에서 객체처럼 사용되는 텍스트와 패스도 인쇄나 jpg, png와 같은 그림파일로 저장시 픽셀단위로 최종결과물이 만들어진다.

2) 비트맵(Bitmap)과 벡터(Vector)

포토샵은 픽셀로 그림을 그리는 도구다. 픽셀을 채워나가는 방식으로 그림을 그리기 때문에 페인팅 툴이라고도 한다. 이와 상대되는 개념으로 벡터 방식이 있다. 벡터기반은 좌표를 이용해 그림을 그리며 확대해도 깨끗한 그래픽을 얻을 수 있다.

벡터 그래픽스(Vector graphics)는 컴퓨터 과학에서 그림을 보여줄 때 수학 방정식을 기반으로 하는 점, 직선, 곡선, 다각형과 같은 물체를 사용하는 것을 말한다. 객체 지향 그래픽스(문화어: 대상지향그라픽스)라고도 한다.<출처 : 위키백과>

비트맵	벡터
픽셀로 그림(이미지)	좌표로 그림(그래픽)
포토샵, 페인터, 그림판	일러스트레이터, 코렐드로우, 플래시, CAD
픽셀의 숫자에 따라 용량이 늘어난다.	적은 용량의 파일로 대형 출력물 출력 가능
사진, 이미지 파일에 대부분 사용	CI, Logo 등에 널리 활용

<비트맵과 벡터방식 비교>

3) 이미지 파일 포맷의 종류

포토샵을 이용해 이미지를 제작하고 저장할 때 선택할 수 있는 파일포맷을 보면 아래 그림과 같다.

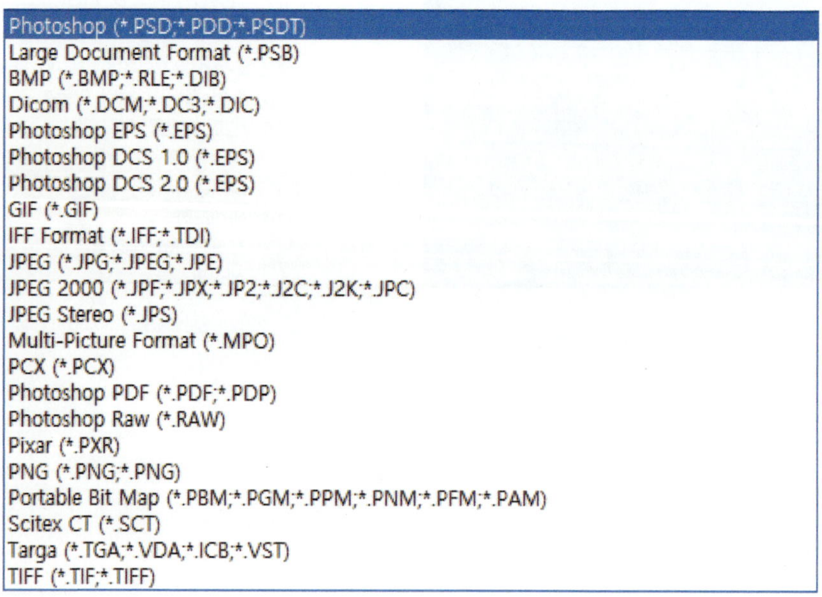

포토샵에서 주로 사용하는 이미지 파일 포맷을 정리하면 아래와 같다.

PSD	포토샵기본파일 포맷이며 포토샵에서 작업한 모든 내용이 저장된다.
GIF	Index Color(256색)를 사용하는 웹용이미지로 용량이 적다.
JPG	손실압축으로 이미지의 크기가 적다는 장점
PNG	웹용으로 사용, 비손실압축으로 알파채널이 저장된다.
TIFF	인쇄용으로 많이 사용되며 알파채널을 저장할 수 있다.

4) 포토샵의 작업공간

문서	포토샵에서 새 문서를 만들
캔버스	이미지가 그려져서 나타나는 영역이며, 캔버스 바깥영역에도 이미지가 있을 수 있으나 출력시에는 나타나지 않는다.
레이어	이미지가 실제로 그려지는 영역으로 이미지와 동일하게 생각할 수 있다.

포토샵에서 새 문서를 만들게 되면 먼저 작업공간이되는 캔버스의 크기를 먼저 설정한다. 캔버스는 가로세로의 픽셀(pixel)수와 각 픽셀이 갖게되는 색의 수로 결정되며 이 두 가지가 파일의 용량을 결정짓는 가장 중요한 요소가 된다.

픽셀이 실제로 인쇄물로 출력될 때 출력물의 크기를 결정짓는 것을 해상도라고 하며 단위길이 당 픽셀의 숫자 즉, PPI(Pixels Per Inch)로 표시하며 모니터에서 보여지는 이미지 제작은 72PPI, 출력용은 300PPI로 제작한다.

모니터에서 사용되는 해상도는 보통 72ppi에서 96ppi라고 얘기하지만 정확히 말하면 모니터해상도를 설정하는 값에 따라 다르게 나타나는 것이다.

현재 사용되고 있는 디스플레이장치별 해상도를 살펴보면 아래 표와 같다.

장치	크기	화소수	해상도	비고
모니터	32 inch	1920×1080	67ppi	
모니터	24 inch	1920×1080	86ppi	
iPhone6	4.7형	1334×750	326ppi	
iPhone6 Plus	5.5형	1920×1080	401ppi	
iPad Pro	9.7	2048×1536	264ppi	
iPad Pro	12.9	2732×2048	264ppi	

<디스플레이장치별 해상도비교>

5) 포토샵 컬러의 이해

Bitmap	1bit color의 이미지 제작시 사용 검정과 흰색으로만 표현
Grayscale	무채색의 이미지 제작시 사용
RGB	웹디자인과 같이 모니터에서 보여지는 이미지 제작시 사용 빛의 삼원색인 Red, Green, Blue 채널로 구성
CMYK	인쇄물에 사용될 이미지 제작시 사용 색의 삼원색인 Cyan, Magenta, Yellow와 Black 채널로 구성
Lab	RGB와 CMYK 보다 넓은 색공간을 갖고 있어 RGB와 CMYK모드 전환시 사용하면 색의 손실을 최소화할 수 있음 Luminosity(밝기), a(Green-Magenta), b(Blue-Yellow) 채널로 구성

2. 포토샵 화면구성과 도구

순번	이름	설　명
1	이미지작업창	이미지를 제작하거나 불러오는 작업공간
2	레이어패널	이미지가 그려지는 공간
3	문서이름탭	문서정보표시
4	툴박스	툴들이 모여있는 박스
5	옵션	선택된 툴의 옵션을 표시
6	패널모음	패널을 모아놓은 곳으로 분리해서 사용가능
7	메뉴바	메뉴모음
8	워크스페이스설정	작업공간을 선택해서 화면구성을 변경할 수 있다
9	미니브릿지	포토샵파일 등을 탐색할 때 용이함
10	타임라인	동영상편집시 사용

1) 이미지작업창

이미지작업창은 실제 작업이 이루어지는 공간으로 픽셀(pixel)을 기준으로 결과물이 표시된다. 이미지작업창에서 실제 이미지가 보여지는 영역을 캔버스라고하며 캔버스의 크기보다 큰 이미지를 가져오거나 패스나 Shape과 같은 오브젝트가 캔버스 바깥에 존재할 수 있다. 포토샵의 가장 큰 장점인 편집할 수 있는 재사용성을 높여주기 위해서는 원본이미지를 손상시키지 않는 것과 이미지를 이루는 요소별로 레이어를 만들어서 사용하는 것이다.

2) 레이어패널

레이어는 포토샵에서 이미지를 그리거나 가져다 놓을 수 있는 투명한 종이라고 할 수 있다.

레이어를 이용한 이미지 제작

디자인을 이루는 각각의 요소를 투명한 레이어에 각각 그려 넣은 후 여러장의 레이어를 겹쳐 하나의 완성된 장면을 연출할 수 있다.
또한 일부분의 레이어를 교체해서 새로운 장면을 연출도 가능하고 이렇게 레이어를 활용하면 편집을 보다 자유롭게 할 수 있다.
다음으로 원본이미지에 효과를 주는 방법으로 레이어 마스크와 레이어 클리핑마스크를 이용해 원본 이미지를 지우지 않고 보이지 않게 처리할 수 있으며, 조정레이어(adjustment layer)를 이용해 원본을 손상시키지 않으면서 색상, 채도, 명도 및 계조 등을 조정할 수 있다.

3) 이미지이름 탭

이미지 이름, 이미지크기 비율, 선택된 레이어, 색상모드가 표시된다.

4) 툴박스

포토샵 작업에 필요한 각종 툴을 모아 놓은 곳으로, 각 툴을 선택하고 옵션을 설정해서 원하는 작업을 할 수 있다.

5) 옵션바

툴 메뉴에 대한 세부 옵션을 지정할 수 있으며 툴 메뉴 선택 시 해당옵션으로 자동 변경된다.

6) 패널

포토샵에서 제공되는 기능 등을 패널 형식으로 모아 놓은 곳으로 [Window]메뉴를 이용하여 해당 팔레트를 꺼내어 사용할 수 있다.

7) 메뉴바

포토샵에서 제공되는 명령어들을 풀다운 형식으로 표시한다.

8) Workspace 설정

사용 목적에 맞게 패널 등 작업환경을 선택하여 사용할 수 있으며 사용목적에 새롭게 패널들을 구성해서 저장할 수 있다.

9) 미니브릿지

파일을 탐색하고 미리보기

10) 타임라인

동영상 파일을 편집

3. 포토샵 툴과 패널

◈ 툴박스

툴박스 상단의 두 개의 삼각형 모양의 아이콘()을 클릭하여 일렬 또는 이열로 전환

◈ 패널

Window 메뉴에서 활성화 시켜서 사용

<table>
<tr><th>툴박스 일렬</th><th>툴박스 이열</th><th>패널종류</th></tr>
<tr><td></td><td>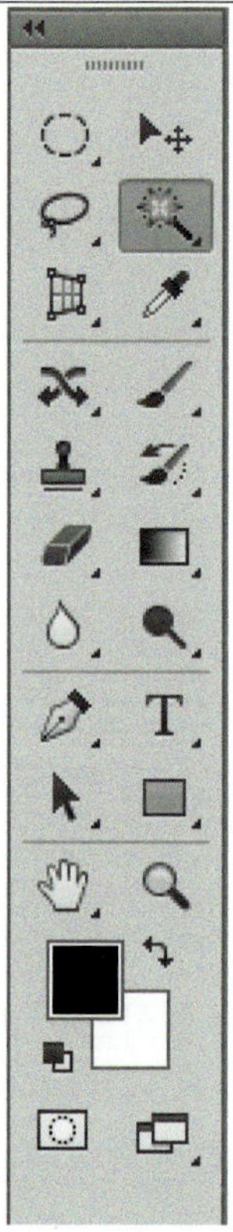</td><td>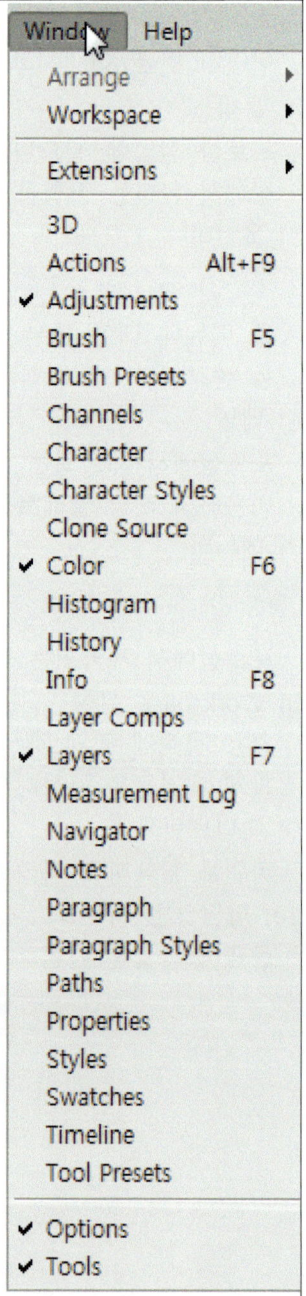
</td></tr>
</table>

1) 이동툴( )

레이어를 이동하거나 문자, 패스 등의 객체를 이동할 때 사용

Alt 키를 누르고 드래그하면 복제 기능 수행

2) 선택영역 지정 툴

툴	단축키	설명
Rectangular Marquee Tool	M	사각형선택툴
Elliptical Marquee Tool	M	타원선택툴
Single Row Marquee Tool		가로한줄 선택영역 지정
Single Column Marquee Tool		세로한줄 선택영역 지정

툴	단축키	설명
Lasso Tool	L	드래그해서 선택영역 지정
Polygonal Lasso Tool	L	클릭한 지점간 직선으로 연결해서 선택영역 지정
Magnetic Lasso Tool	L	인접한 색상경계를 따라 선택영역 지정

툴	단축키	설명
Quick Selection Tool	W	브러시로 그리듯 드래그해서 유사한 색상 영역을 선택
Magic Wand Tool	W	클릭한 부분과 유사한 색상을 선택

3) 자르기툴

툴	단축키	설명
Crop Tool	C	캔버스의 크기를 변경
Perspective Crop Tool	C	퍼스펙티브 이미지를 평면으로 변경
Slice Tool	C	웹용으로 html파일 생성을 위해 사용
Slice Select Tool	C	슬라이스를 선택할 때 사용

4) 색상추출 및 유틸리티

툴	단축키	설명
Eyedropper Tool	I	이미지의 색상을 전경색으로 가져올 때 사용
3D Material Eyedropper Tool	I	3D 오브젝트에서
Color Sampler Tool	I	이미지의 여러지점의 색을 샘플링할 때 사용
Ruler Tool	I	이미지 사이의 거리 측정에 사용
Note Tool	I	이미지 위에 메모를 남겨 놓을 때 사용
Count Tool	I	클릭한 순서대로 숫자가 매겨짐

5) 보정툴

툴	단축키	설명
Spot Healing Brush Tool	J	주변의 픽셀을 가져와 지저분한 부분을 제거
Healing Brush Tool	J	Alt키를 누르고 복사해서 이미지 복원
Patch Tool	J	넓은 영역을 보정할 때 사용
Content-Aware Move Tool	J	주변이미지를 보정하여 복사하는 툴
Red Eye Tool	J	적목현상을 제거

6) 브러시툴

▪ Brush Tool B Pencil Tool B Color Replacement Tool B Mixer Brush Tool B	브러시로 그리는 툴 Anti-Aliasing적용되지 않는 브러시툴 채도와 명도를 유지하며 색상만 바꿔주는 툴 드래그한 색상을 물감처럼 섞이는 효과를 주는 툴

7) 스탬프툴

▪ Clone Stamp Tool S Pattern Stamp Tool S	Alt키를 누르고 이미지를 복사해서 사용 패턴을 드래그한 부분에 채워 넣는 툴

8) 히스토리브러시툴

▪ History Brush Tool Y Art History Brush Tool Y	브러시로 지나간 부분 되돌리기 회화적인 느낌을 표현할 때 사용

9) 색상채우기툴

▪ Gradient Tool G Paint Bucket Tool G 3D Material Drop Tool G	그라데이션을 적용 전경색을 채움 3차원 오브젝트에 맵핑하듯이 칠하는 툴

10) 이미지 필터링 툴

▪ Blur Tool Sharpen Tool Smudge Tool	주변 픽셀을 혼합하여 경계를 부드럽게 처리 경계를 선명하게 처리 손가락으로 눌러서 번지게 하는 효과

11) 명도와 채도 툴

▪ Dodge Tool O Burn Tool O Sponge Tool O	밝게 처리 태우듯이 어둡게 처리하는 효과 채도를 조절

12) 패스툴

▪ Pen Tool P Freeform Pen Tool P Add Anchor Point Tool Delete Anchor Point Tool Convert Point Tool	점과 점을 이어가며 패스를 그리는 툴 연필처럼 드로잉하면 점과 선이 자동으로 생성 점을 추가할 때 사용 점을 삭제할 때 사용 점의 조절자를 각각 다른 방향과 길이로 조절

13) 문자툴

도구	단축키	설명
Horizontal Type Tool	T	수평방향으로 문자를 입력
Vertical Type Tool	T	수직방향으로 문자를 입력
Horizontal Type Mask Tool	T	수평방향으로 문자 모양의 선택영역 지정
Vertical Type Mask Tool	T	수직방향으로 문자 모양의 선택영역 지정

14) 선택툴

도구	단축키	설명
Path Selection Tool	A	패스를 선택할 때 사용
Direct Selection Tool	A	패스의 구성 요소(점, 선, 조절자)를 선택할 때 사용

15) Shape툴

도구	단축키	설명
Rectangle Tool	U	사각형 Shape을 드로잉
Rounded Rectangle Tool	U	둥근 모서리 사각형 Shape을 드로잉
Ellipse Tool	U	타원 Shape을 등로잉
Polygon Tool	U	다각형 Shape을 드로잉
Line Tool	U	라인 Shape을 드로잉
Custom Shape Tool	U	포토샵에서 제공하는 다양한 Shape 선택해서 드로잉

16) 캔버스 이동툴

도구	단축키	설명
Hand Tool	H	작업창 바깥에 위치한 캔버스를 이동
Rotate View Tool	R	캔버스를 회전

17) 확대/축소, 전경색/배경색, 퀵마스크, 화면모드

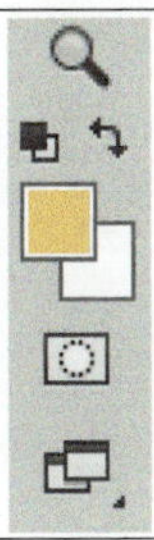

설명
화면을 확대 축소
전경색 검정, 배경색 흰색으로 설정/ 전경색과 배경색 바꾸기
전경색과 배경색**(전경색채우기 : Alt + Delete, 배경색채우기 : Ctrl + Delete)**
퀵마스크 모드 변경
화면보기 변경**(F키)**

4. 포토샵실행

1) 포토샵 아이콘을 누르고 처음 실행하면 아래와 같은 화면이 나타날 것이다.

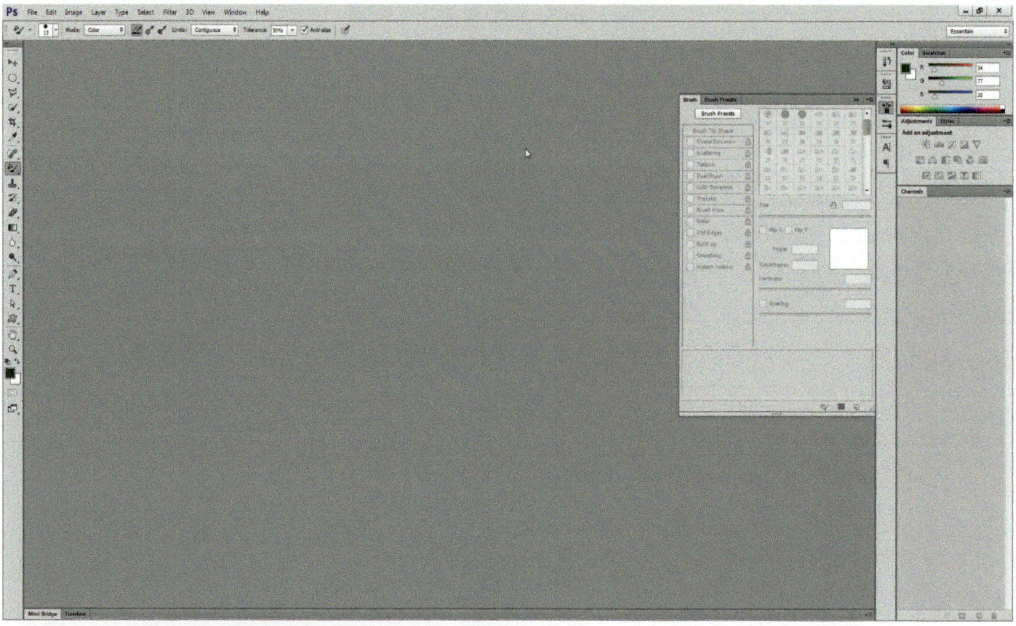

2) File > New 선택해서 새 문서를 만든다.

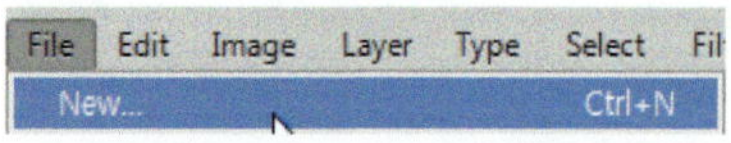

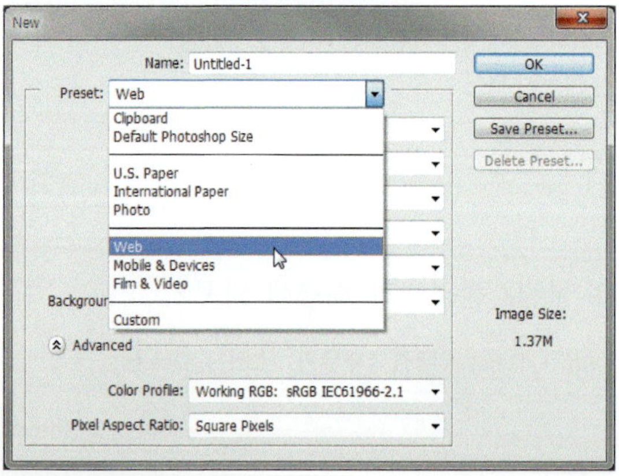

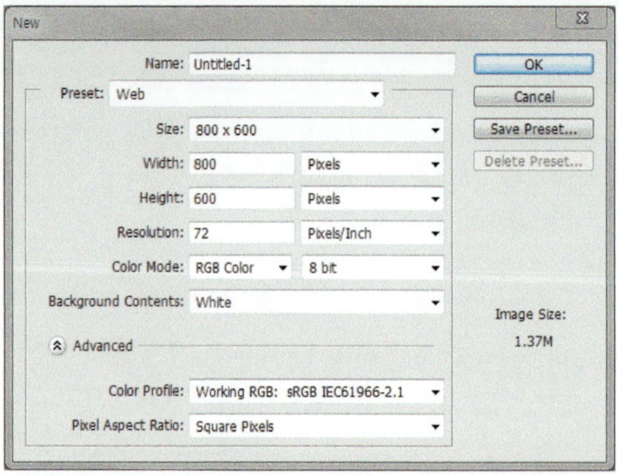

구분	디지털용	인쇄용
Resolution	72ppi	300ppi
Color Mode	RGB, 8bit	CMYK, 8bit

4) Workspace에서 Eessential과 Painting, Photography, Typography를 선택해서 비교해본다. (Window > Workspace에서도 동일하게 선택 가능)

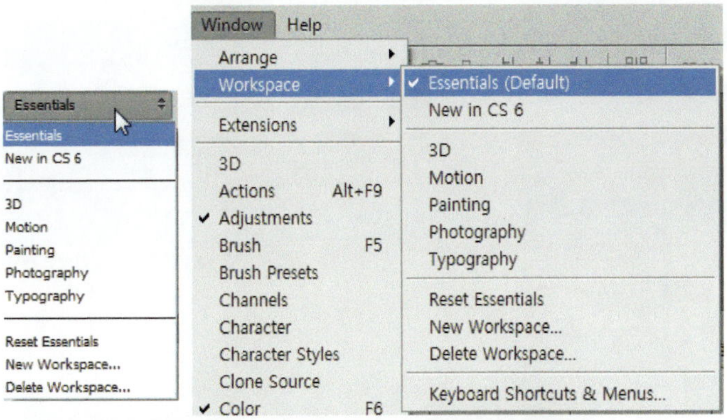

<Essential>

<Painting>

<Photography>

<Typography>

Essential	기본작업창
Painting	페인팅에 적합한 패널로 구성
Photography	사진편집에 적합한 패널로 구성
Typography	문자입력에 적합한 패널로 구성

5) 창배열 선택

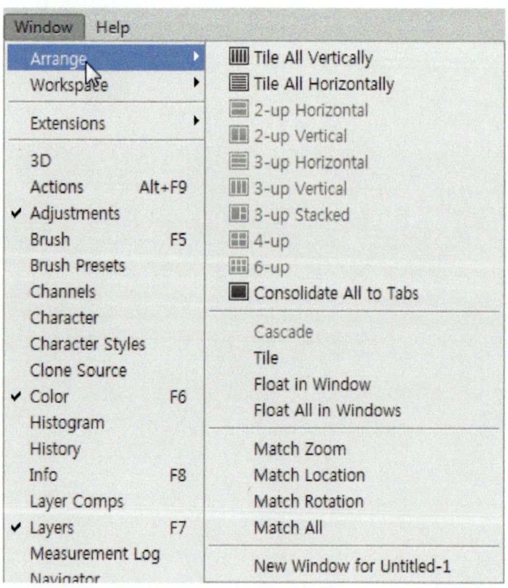

주요 배열별 형태를 보면 아래와 같다.

Consolidate All to Tabs	탭의 형태로 배열
Cascade	창이 겹치도록 계단식으로 정리해서 배열 (※탭 상태에서 사용불가)
Tile	모든 창이 보이도록 타일형식으로 배열
Float in Window	별도 창으로 전환
Float All in Windows	모든 창을 별도 창으로 변환

<Consolidate All to Tabs>

<Tile>

<Float in Window>

<Float All in Windows>

6) Tab키를 누르면 툴박스, 옵션, 패널을 숨기고 작업할 수 있고, F키를 누르면 메뉴도 감추고 전체화면으로 작업할 수 있다.

7) 화면색상 조정(Edit>Preferences>Interface)

화면 색상 조정	
어둡게	Shift + F1
밝게	Shift + F2

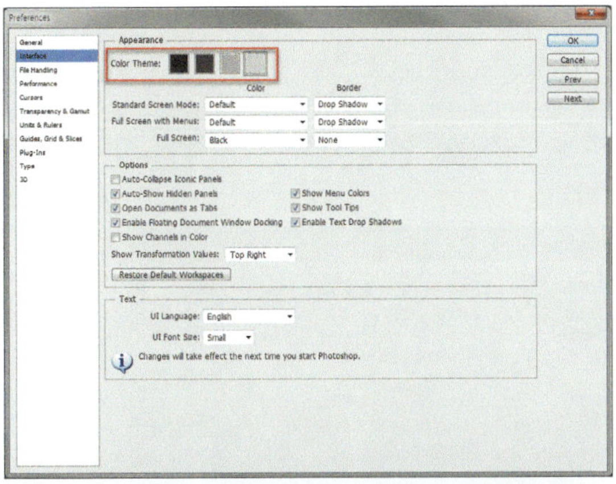
Preferences
General
Interface
File Handling
Performance
Cursors
Transparency & Gamut
Units & Rulers
Guides, Grid & Slices
Plug-Ins
Type
3D
Appearance
Color Theme:
Color
Border
Standard Screen Mode: Default Drop Shadow
Full Screen with Menus: Default Drop Shadow
Full Screen: Black None
Options
Auto-Collapse Iconic Panels
Auto-Show Hidden Panels
Show Menu Colors
Open Documents as Tabs
Show Tool Tips
Enable Floating Document Window Docking
Enable Text Drop Shadows
Show Channels in Color
Show Transformation Values: Top Right
Restore Default Workspaces
Text
UI Language: English
UI Font Size: Small
Changes will take effect the next time you start Photoshop.
OK
Cancel
Prev
Next

Shift + F1 : 어둡게

Shift + F2 : 밝게

5. 브러시사용하기

브러시 옵션

브러시패널

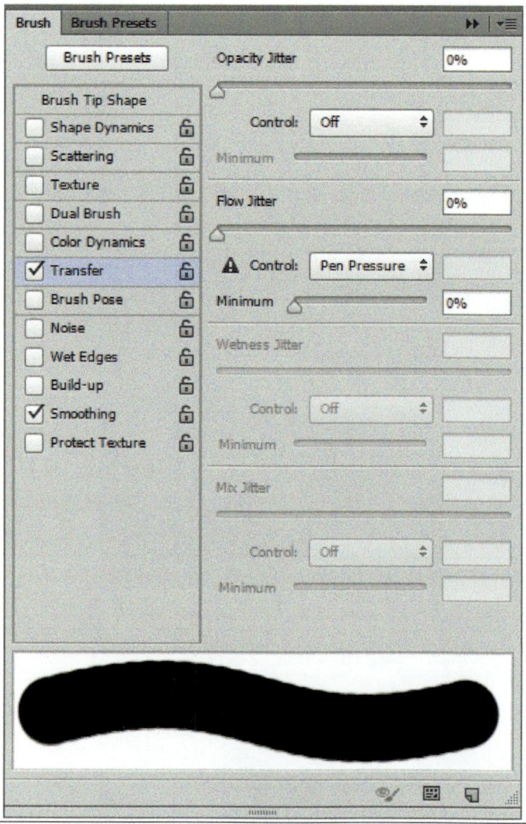

브러시옵션 팝업

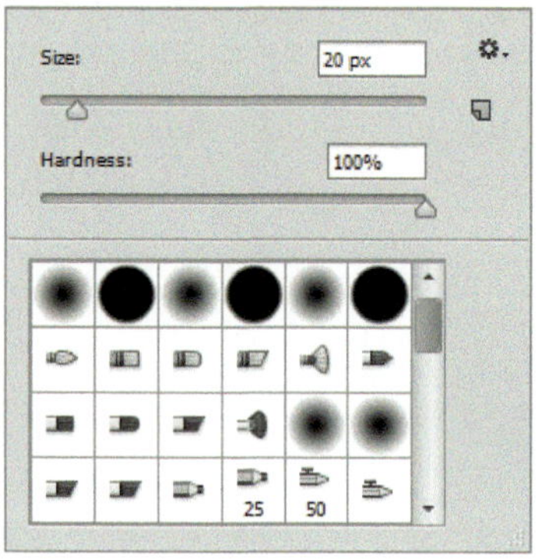

1) 브러시 주요 단축키사용하기

브러시팁 모양 바꾸기	Caps Lock	
브러시 크게	]	Alt키 + 우측마우스버튼 + **오른쪽**으로 드래그
브러시 작게	[	Alt키 + 우측마우스버튼 + **왼쪽**으로 드래그
브러시 경계 뚜렷하게	Shift +]	Alt키 + 우측마우스버튼 + **아래쪽**으로 드래그
브러시 경계 흐릿하게	Shift + [	Alt키 + 우측마우스버튼 + **위쪽**으로 드래그

2) 화면확대 축소 및 색상 채우기

화면에 꽉차게 보기	Ctrl + 0, 손바닥툴() 더블클릭	
100% 보기	Ctrl + Alt + 0, 돋보기툴() 더블클릭	
전경색 채우기	Alt + Delete	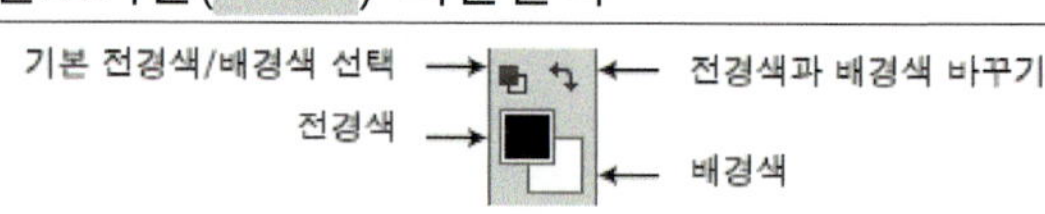
배경색 채우기	Ctrl + Delete	

3) 새로운 캔버스 만들기

Preset에서 web을 선택해서 Size는 800×600 pixels 선택하고
Resolution : 72 Pixel/Inch, Color Mode : RGB Color에 8bit ,
Background Contents : White 선택 확인

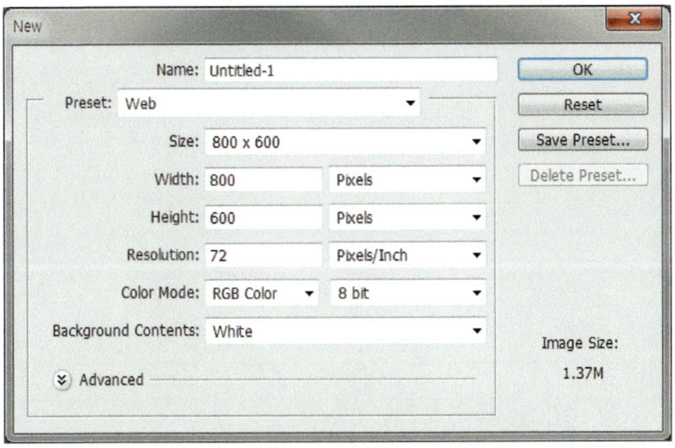

4) Workspace를 Essential로 선택 : [Window] > [Workspace] > **[Essential]**

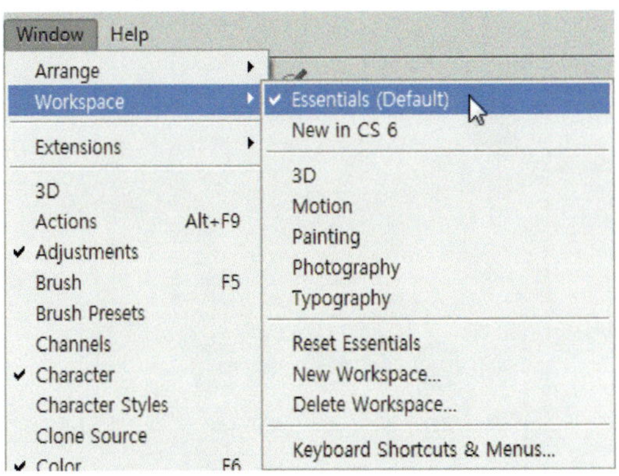

5) 레이어 패널에서 Create a new layer 버튼 클릭해서 새 레이어를 만들어준다.

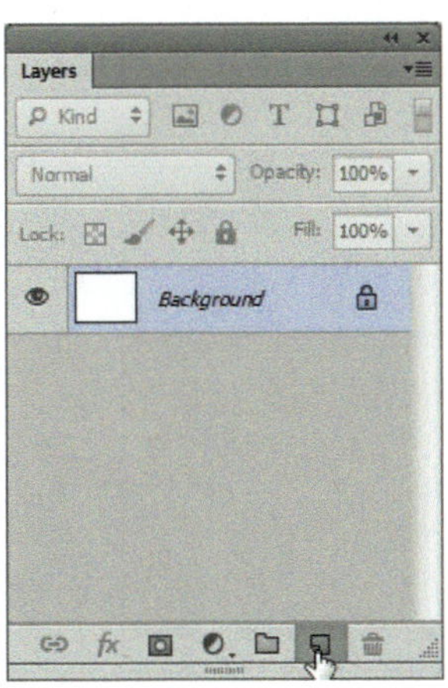

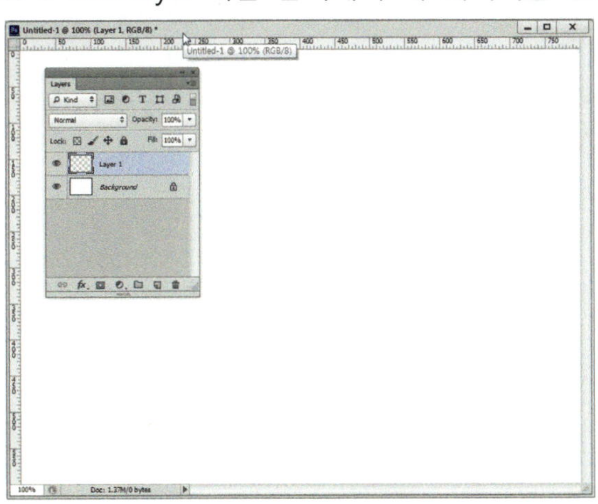

6) 툴패널에서 브러시를 선택하고 옵션 확인

툴박스에서 브러시를 선택하고 브러시 옵션에서 size 와 hardness를 조정할 수 있다.

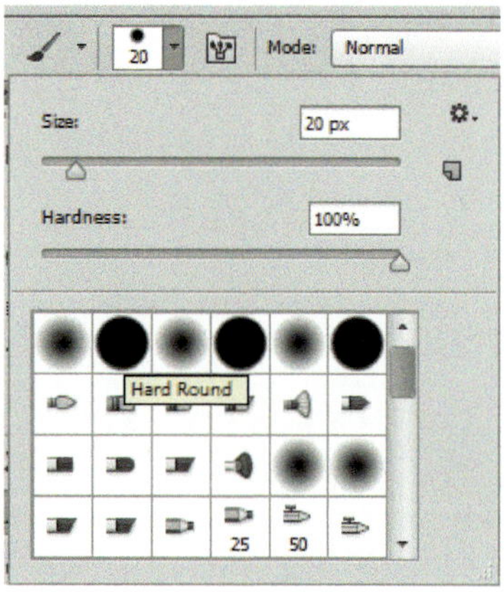

Size	픽셀단위로 크기 변경
Hardness	브러시의 경계를 조정, 100%(뚜렷하게), 0%(흐릿하게)

7) 전경색을 주황색으로 선택하고 브러시의 크기를 200px, hardness는 100로 설정한 후

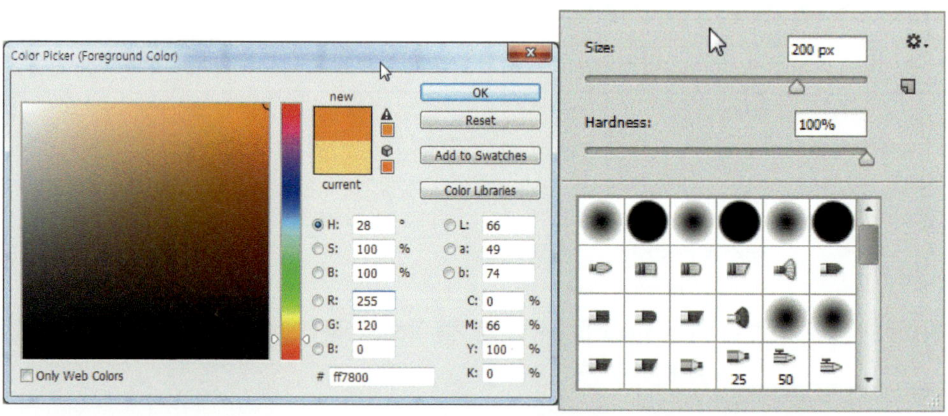

8) 'Caps Lock'키를 눌러서 브러시의 영역이 화면에 표시되도록 설정

9) 좌측 상단에 클릭하고 hardness를 50% 변경하고 상단 중앙에 클릭 후 hardness를 0%로 변경하고 우측 상단을 클릭하면 테두리가 부드럽게 처리된 원이 그려진다.

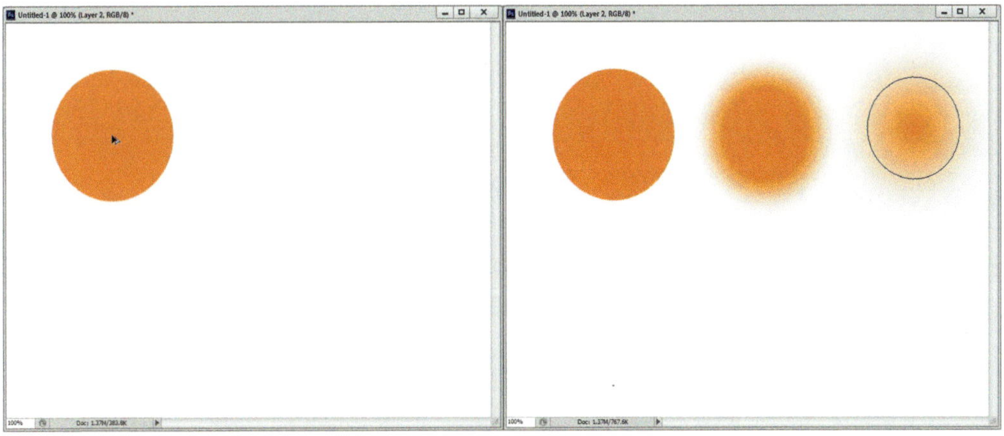

10) 전경색을 파란색으로 선택

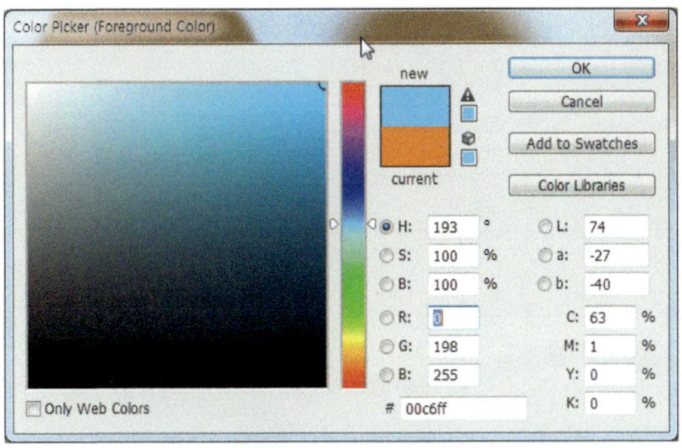

11) 브러시툴() 선택하고 '['키를 눌러서 브러시의 크기를 20으로 변경하고 'Shift +]'키를 눌러서 경계를 뚜렷하게 설정 한 후 왼쪽에서 클릭하고 오른쪽으로 수평 이동 후 Shift 누른상태에서 클릭

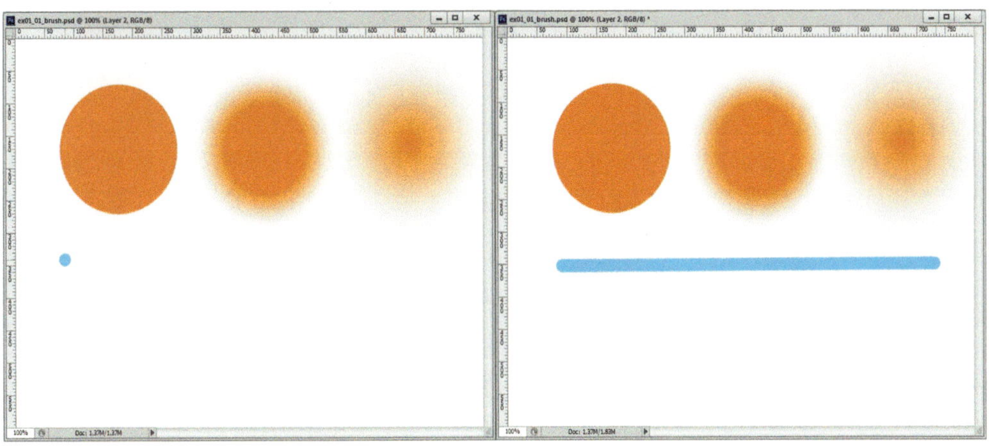

12) [Window] > [Brush] 선택 또는 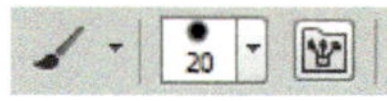 옵션바에서 브러시패널 토글 아이콘 클릭

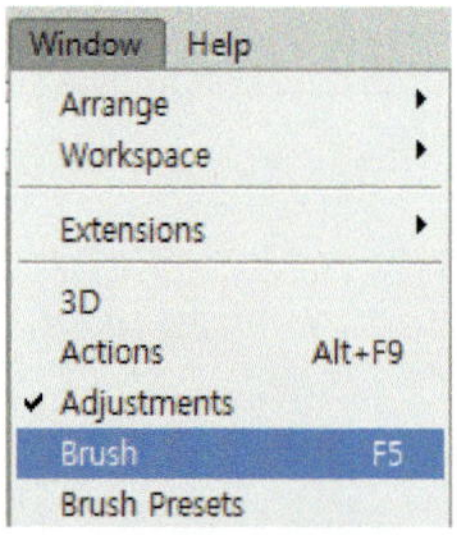

13) Brush 패널에서 Brush Tip Shape 선택하고 Spacing 값을 100으로 변경

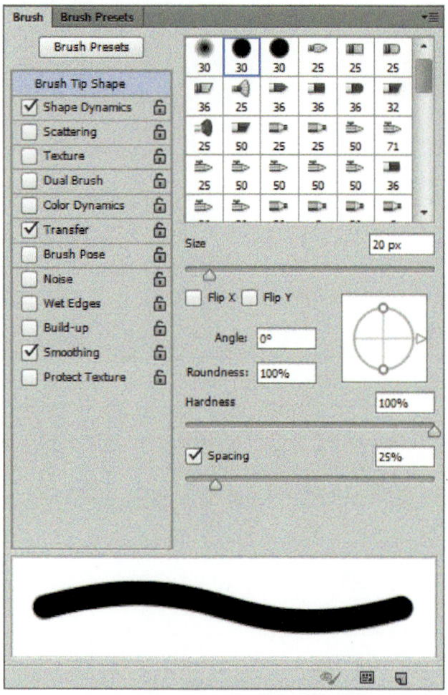

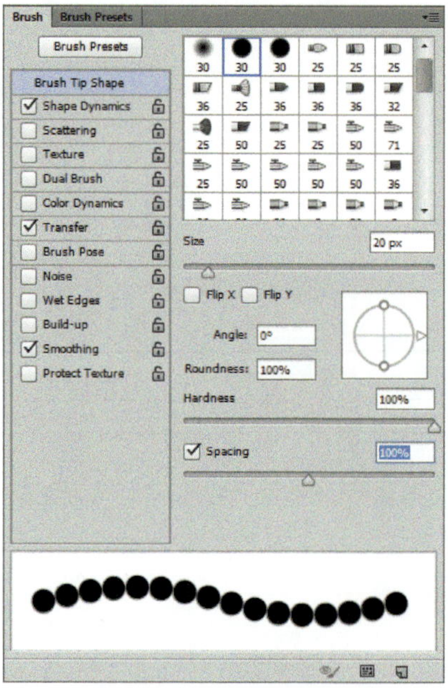

14) 실선이 그려진 아래쪽의 왼쪽에서 클릭하고 오른쪽으로 수평 이동 후 Shift키를 누른상태에서 클릭

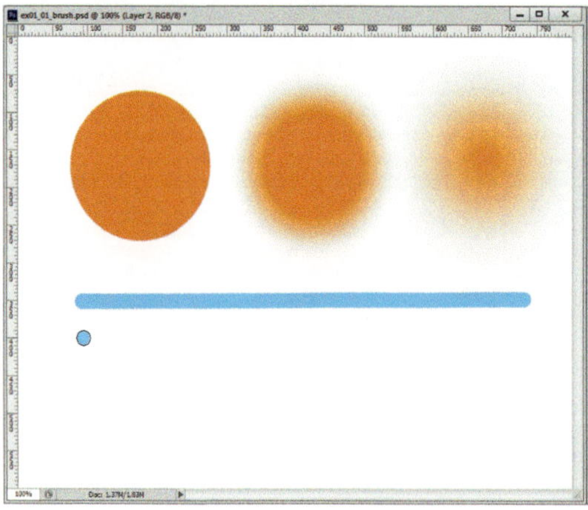

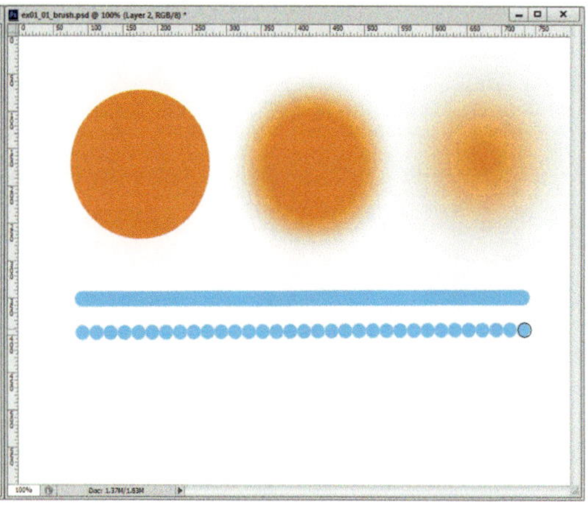

15) Spacing을 200으로 변경하고 아래쪽에 점선을 그린다.

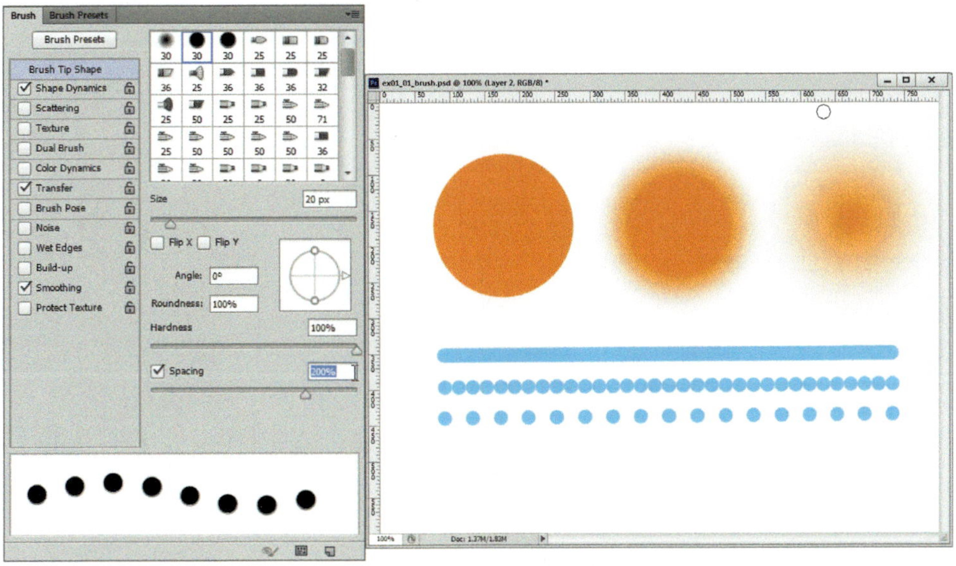

16) Brush Tip Shape 속성 중 Roundness를 10%, Angle을 45도로 설정
 원의 점을 드래그하면서 Roundness값이 변하는 것을 확인하면서 조정
 화살표를 드래그하면서 Angle 값의 변화를 확인하면서 조정

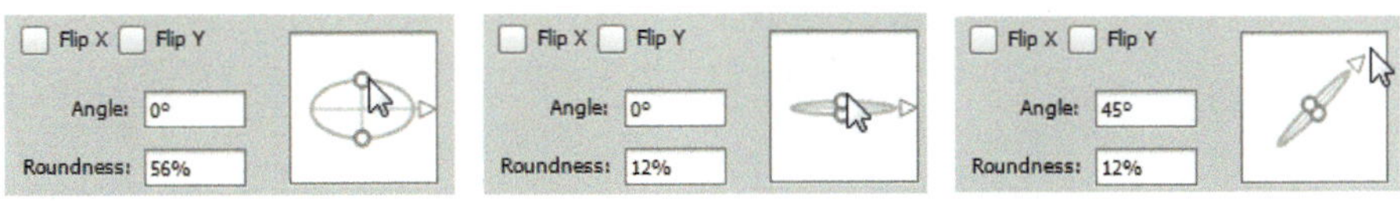

17) Spacing을 300으로 변경하고 아래쪽에 점선을 그린다.

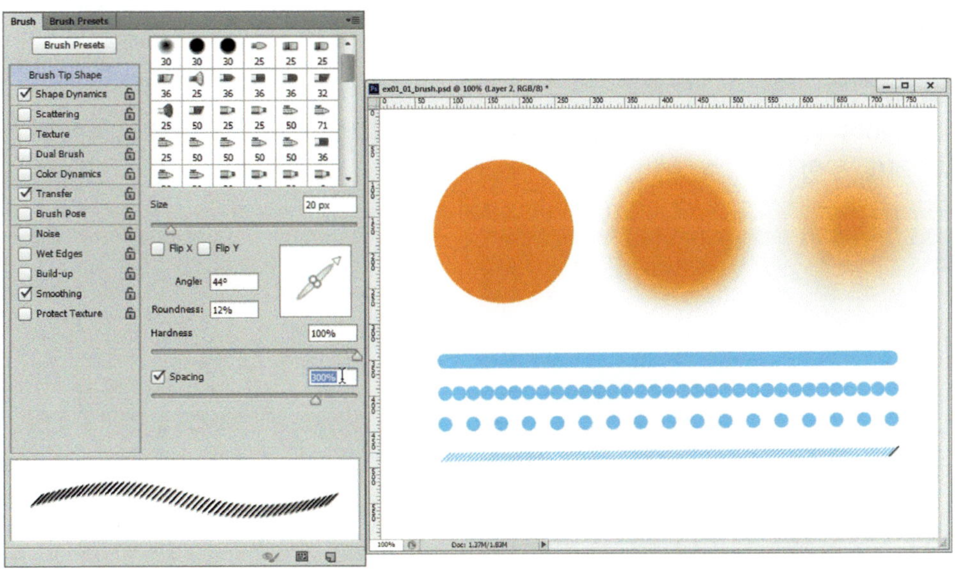

6. Smudge툴을 이용한 불꽃 만들기

1) 새 문서 만들기

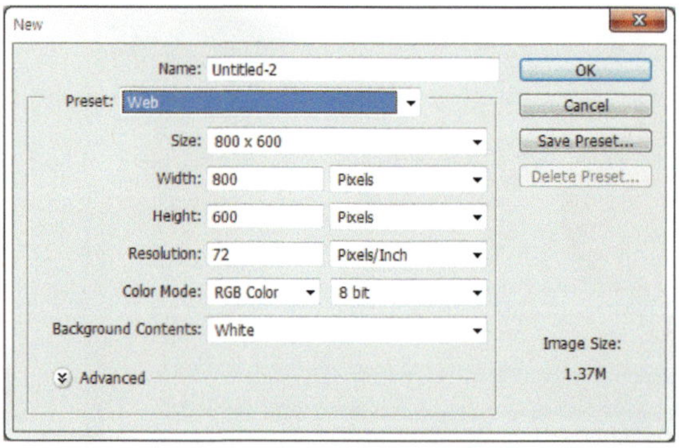

2) 전경색을 검정색으로 설정하고 Background Layer 검정색으로 채우기(Alt + Delete)

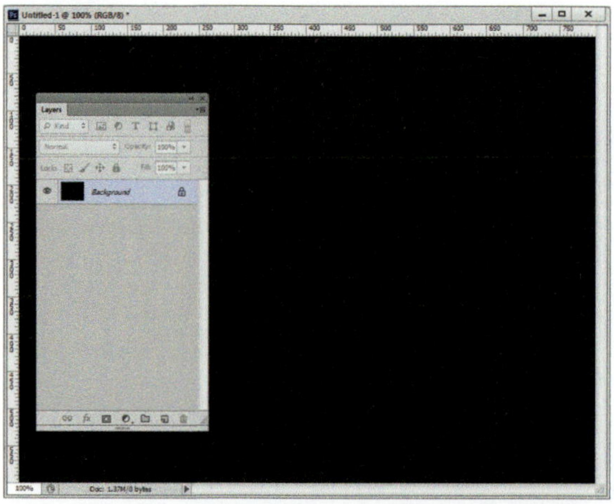

3) Ctrl + Shift + N 또는 레이어 패널에서 새로운 레이어 만들기 아이콘( ) 클릭해서 새 레이어 만들기

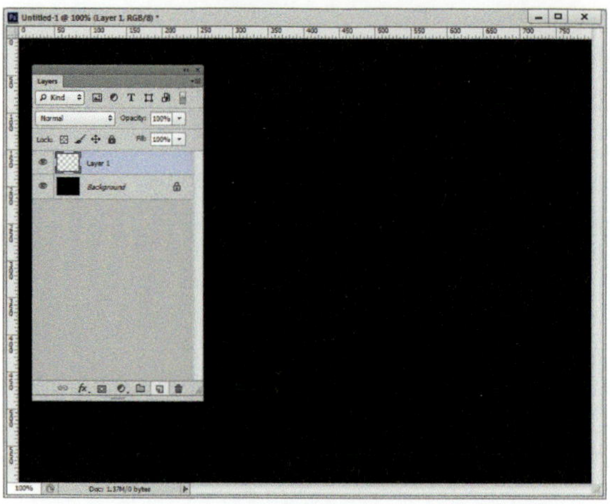

4) 브러시 툴을 선택하고 브러시크기 20, 경계 선명하게 조정

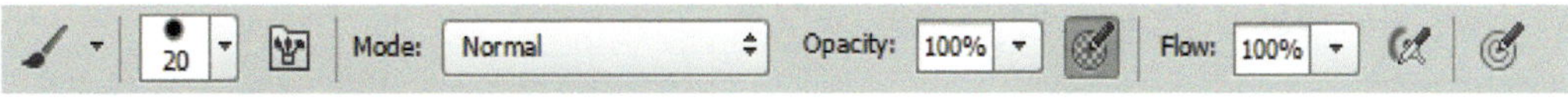

5) 전경색을 빨간색으로 선택

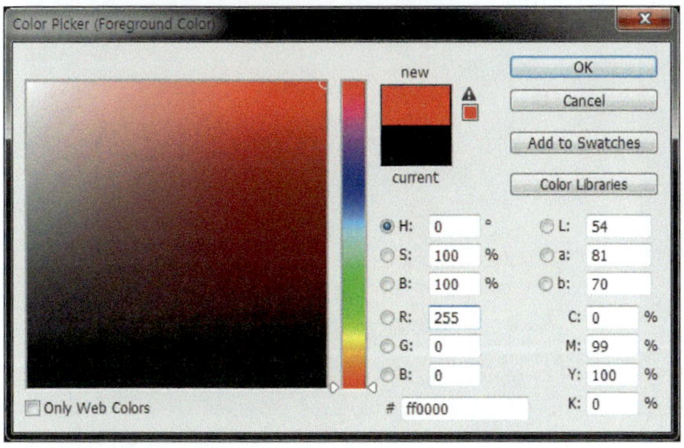

6) 새로 만들어진 Layer1에서 왼쪽 아래 1/3 지점에서 MLB(Mouse Left Button)을 클릭하고 오른쪽으로 수평 이동해서 Shift키를 누른 상태에서 MLB클릭

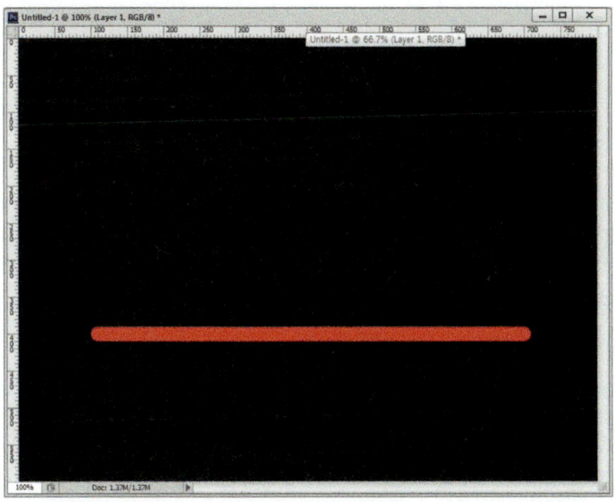

7) 툴박스에서 전경색과 배경색 교환 아이콘()을 클릭한 후 전경색을 노란색으로 선택

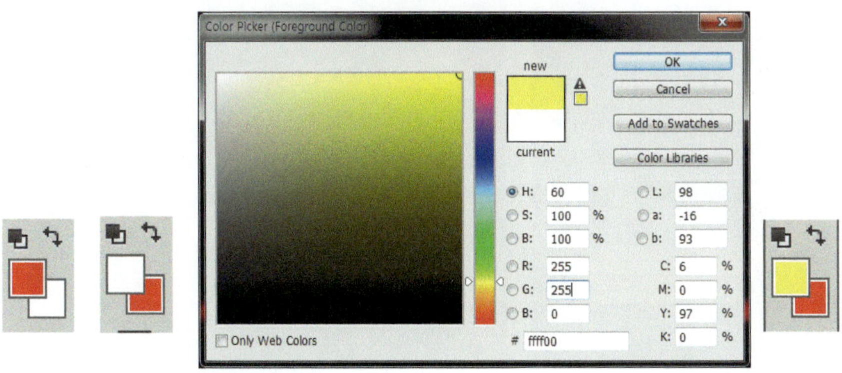

8) 빨간색 아래쪽에 붙여서 노란색 실선을 그린다. 같은 방법은 전경색과 배경색을 바꿔가며 빨간색 선과 노란색 선을 교대로 그린다.

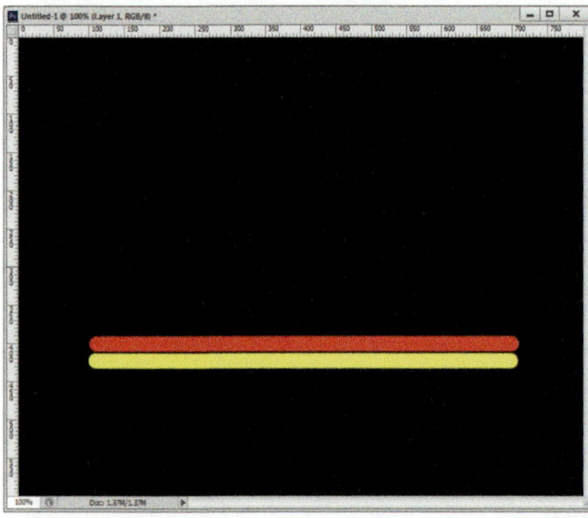
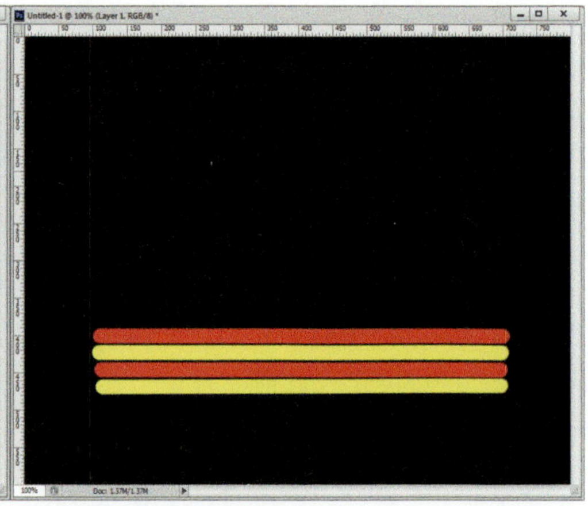

9) Smudge 툴 선택

10) 옵션에서 Strength : 70%으로 변경

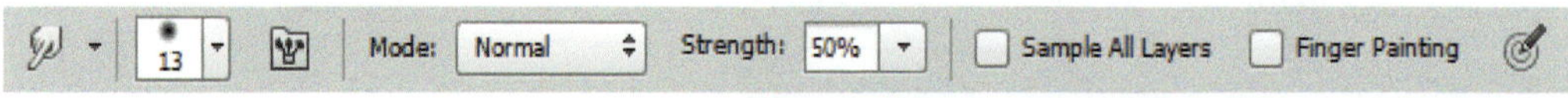

스머지툴은 손가락의 압력을 이용해 물감을 문질러서 번지게 하는 툴이다. 브러시와 같이 팁의 크기와 경계의 부드러운 정도에 따라 효과를 줄 수 있고 Strength 수치를 조정하여 번지는 정도를 조절 할 수 있다.

11) 제일 아래에 그려진 노란색 선 아래쪽에서 위쪽으로 S자 형태로 드래드한다. 팁의 크기를 20으로 바꾸고 효과를 보며 팁의 크기를 바꿔가며 반복한다.

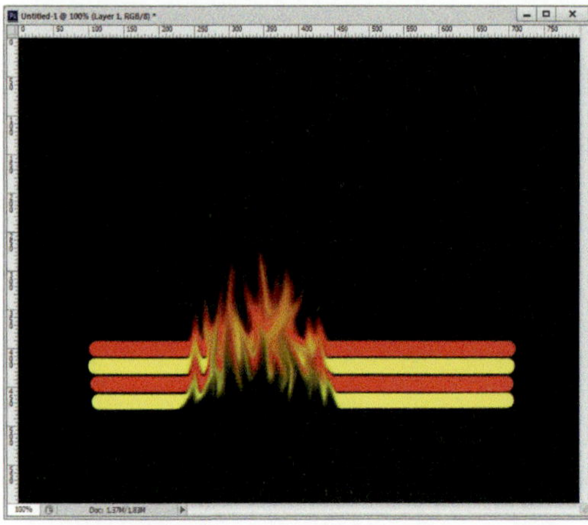
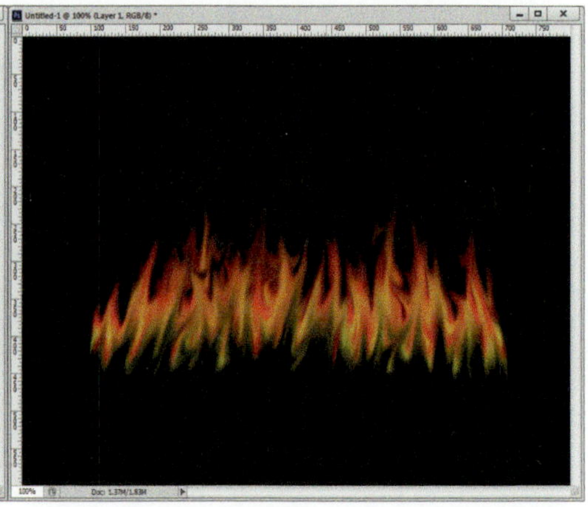

7. 레이어를 이용한 선택영역 지정

레이어의 불투명도에 따라 선택영역 지정	Ctrl + 레이어 썸네일 클릭
선택영역 합치기	Shift + Ctrl + 레이어 썸네일 클릭
선택영역 빼기	Alt + Ctrl + 레이어 썸네일 클릭
교차영역 선택	Shift + Alt + Ctrl + 레이어 썸네일 클릭

1) 새 문서 만들기

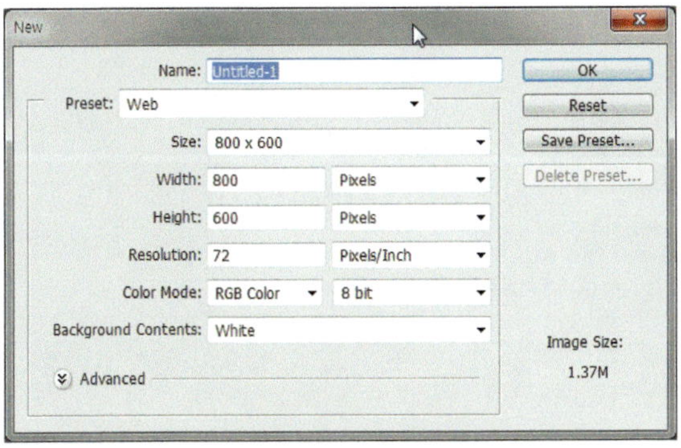

2) 새로운 레이어 만들기

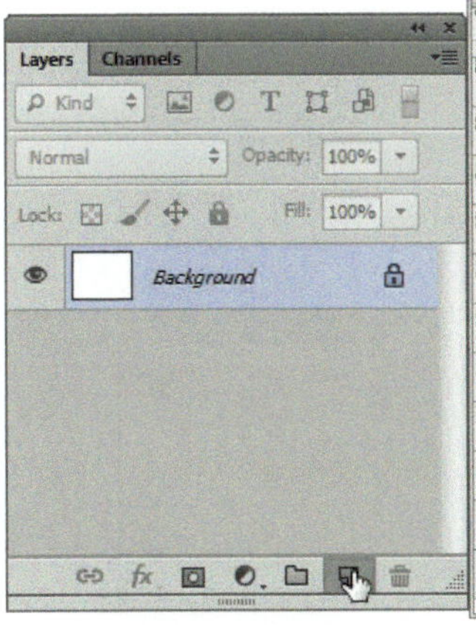

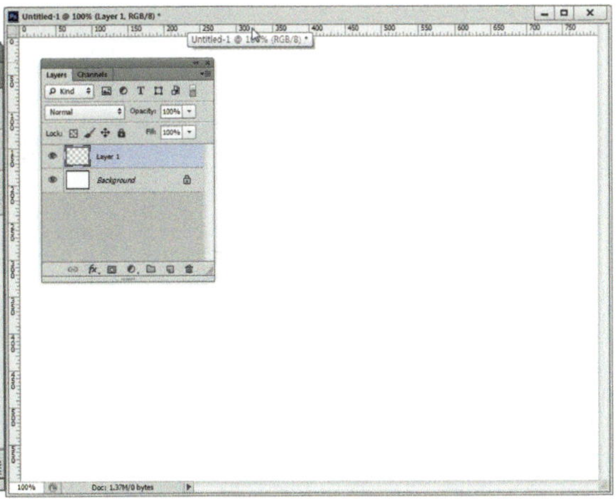

3) 사각형 선택툴로 선택영역 지정

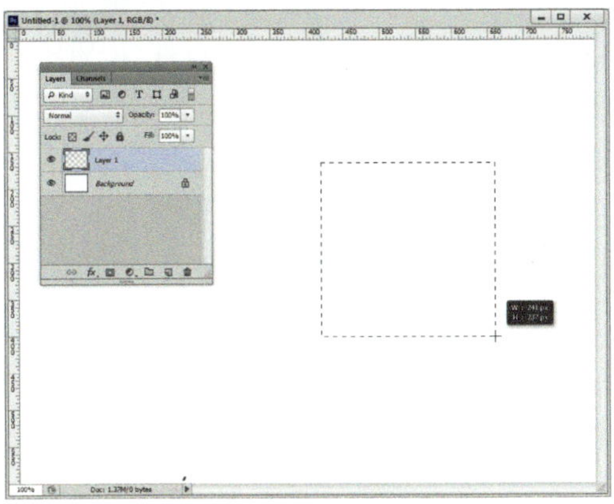

4) 툴박스에서 전경색 영역( )을 클릭해서 Color Picker 실행하고 파란색 선택

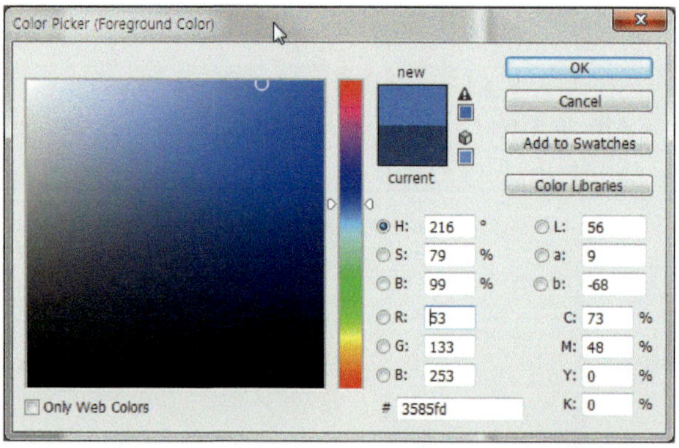

5) 툴박스에서 페인트 통툴(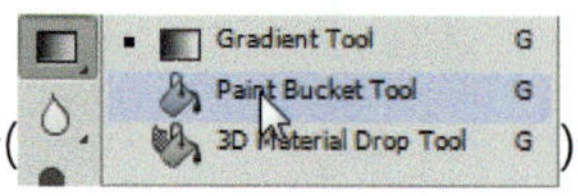)을 선택

6) 선택영역에 전경색 채우기(Alt + Delete)

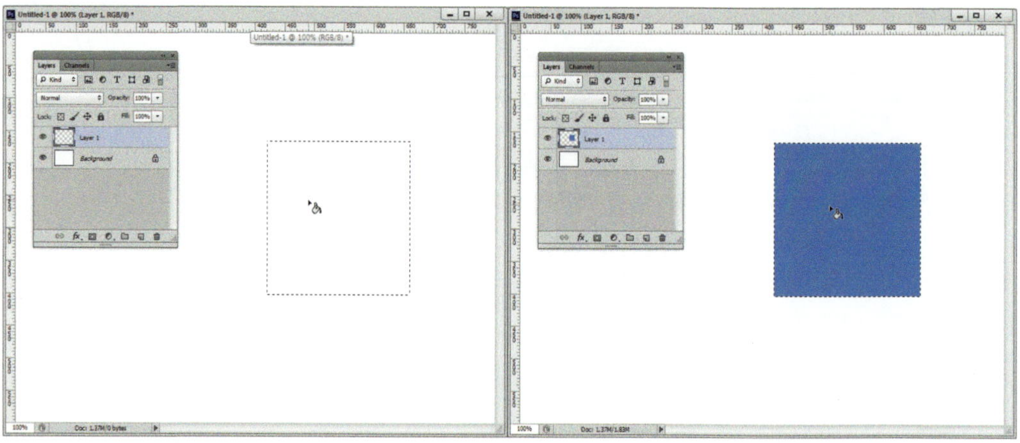

7) [Select]>[Deselect] 실행해서 선택영역을 해제, 단축키(Ctrl + D)를 주로 사용

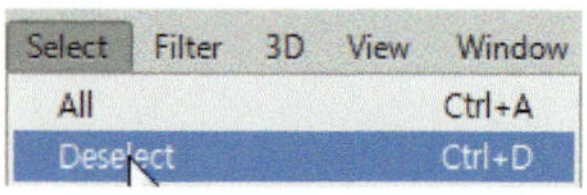

8) 파란색으로 채워진 Layer1(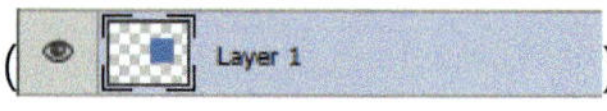)을 새 레이어 만들기 아이콘 ( )위에 드래그앤 드롭하면 레이어가 복사된다.

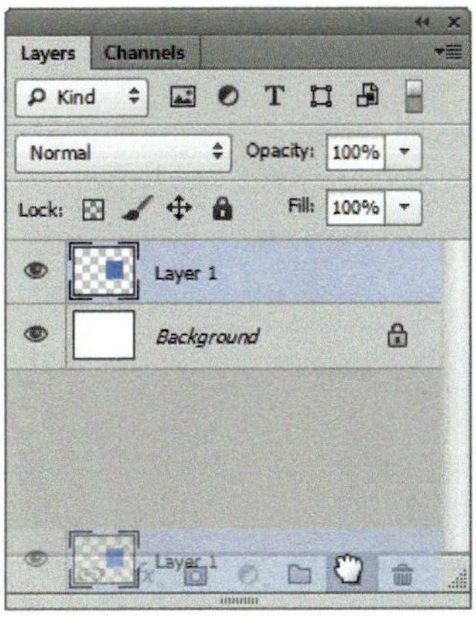

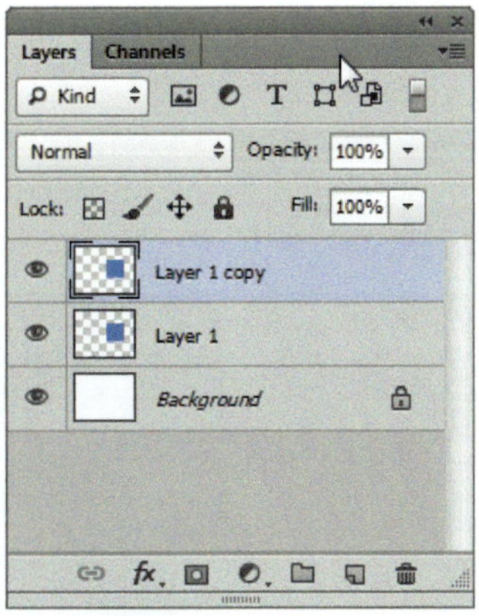

9) [Layer] > [Duplicate Layer](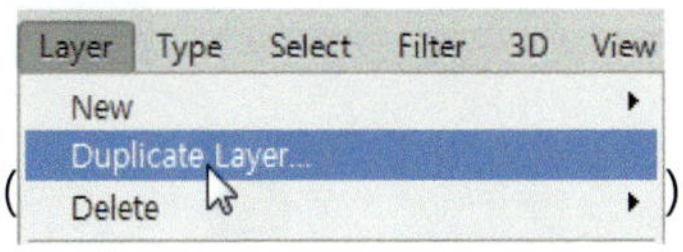)를 실행하고 OK를 눌러서 복사한다.

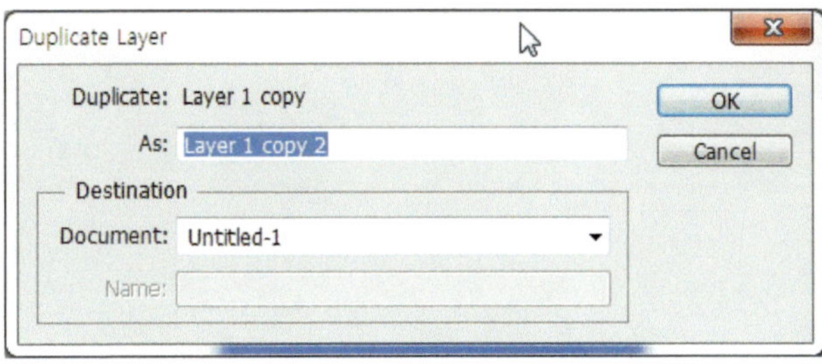

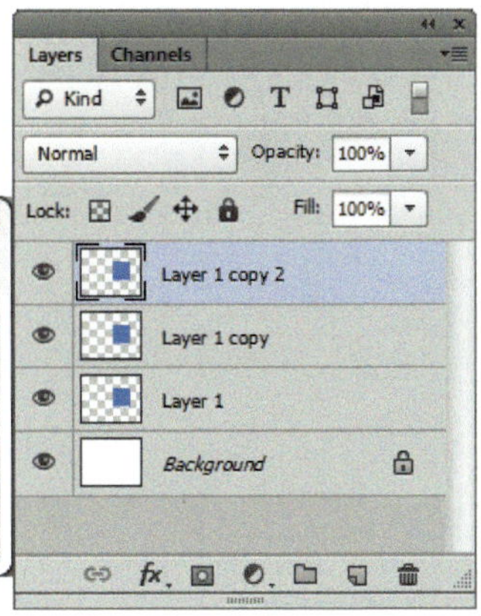

10) 툴박스에서 이동툴()을 선택하고 Layer1 copy2를 왼쪽 위로 이동한다.

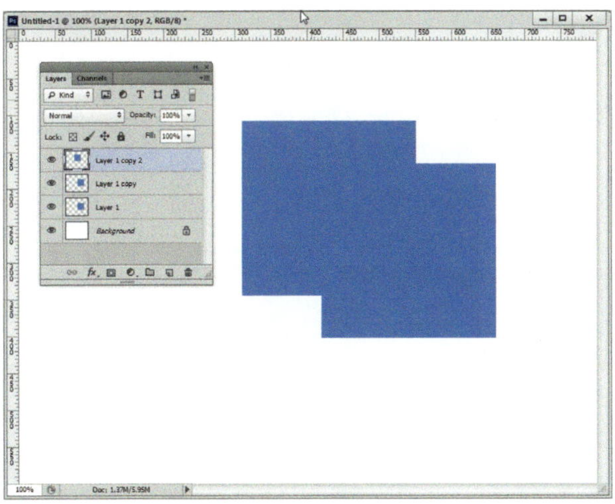

11) 레이어패널에서 Layer1 copy 레이어를 클릭하고 캔버스의 이미지를 아래쪽으로 이동한다.

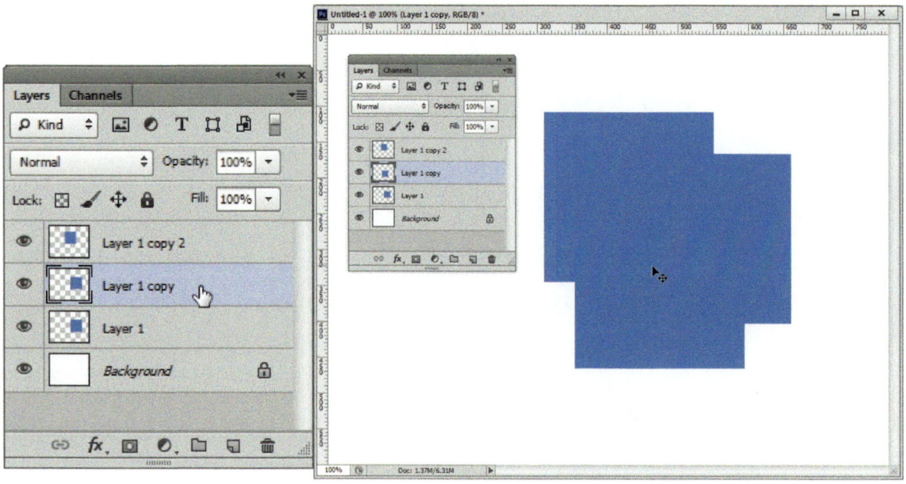

12) 레이어패널에서 투명 잠금 아이콘(⊠) 클릭

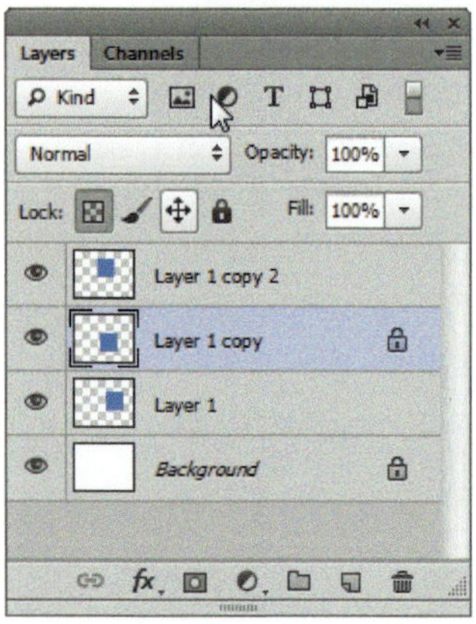

13) 전경색을 빨간색으로 변경하고 전경색 채우기(Alt + Delete)

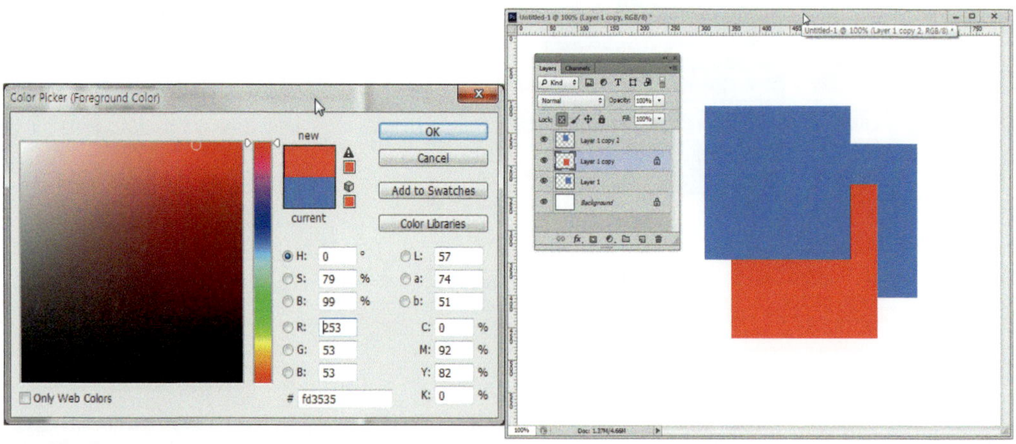

14) Ctrl키를 누른 상태에서 캔버스에서 제일 위에 있는 파란색 영역을 클릭해서 레이어 선택

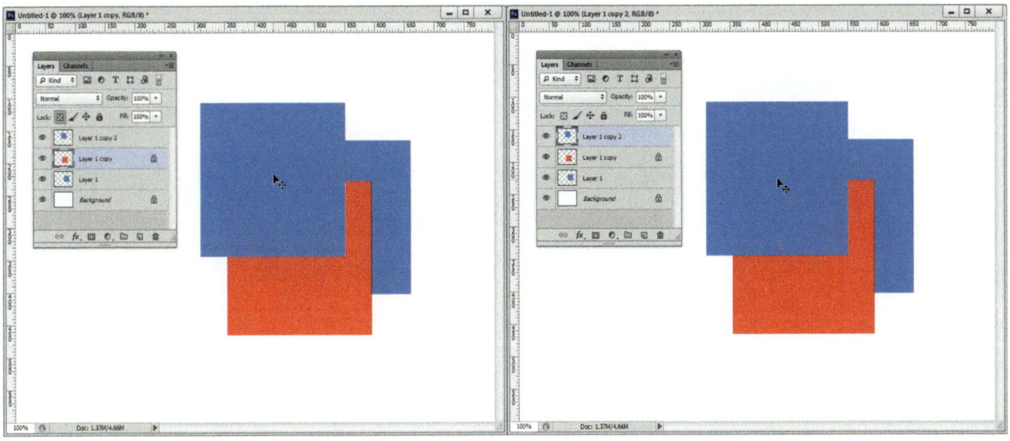

15) 전경색을 녹색으로 변경하고 레이어를 투명 잠금한 후 전경색 채우기(Alt + Delete)

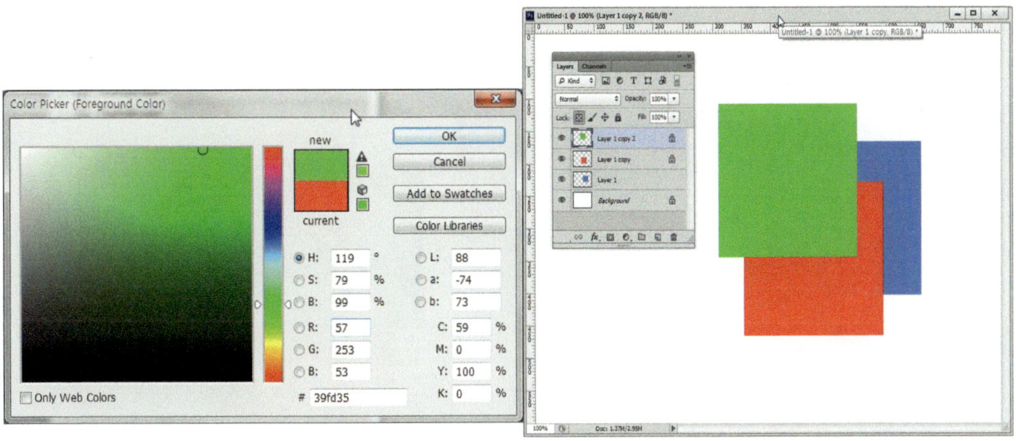

16) Ctrl키를 누른 상태에서 녹색이 채워진 레이어의 썸네일 이미지를 클릭하면 녹색으로 채워진 부분이 선택영역으로 지정된다.

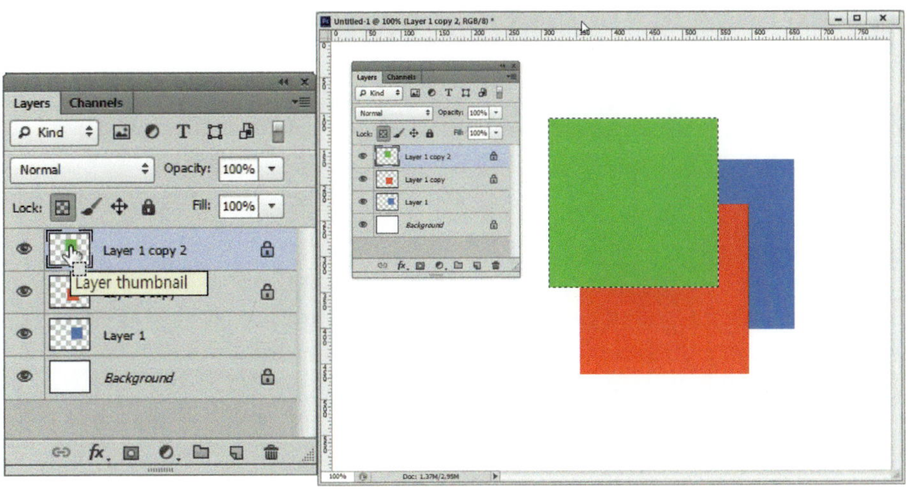

17) Ctrl + Shift키를 누르고 빨간색이 채워진 레이어의 썸네일 이미지를 클릭하면 녹색이 채워진 부분에 빨간색이 채워진 영역을 더해서 선택된다.

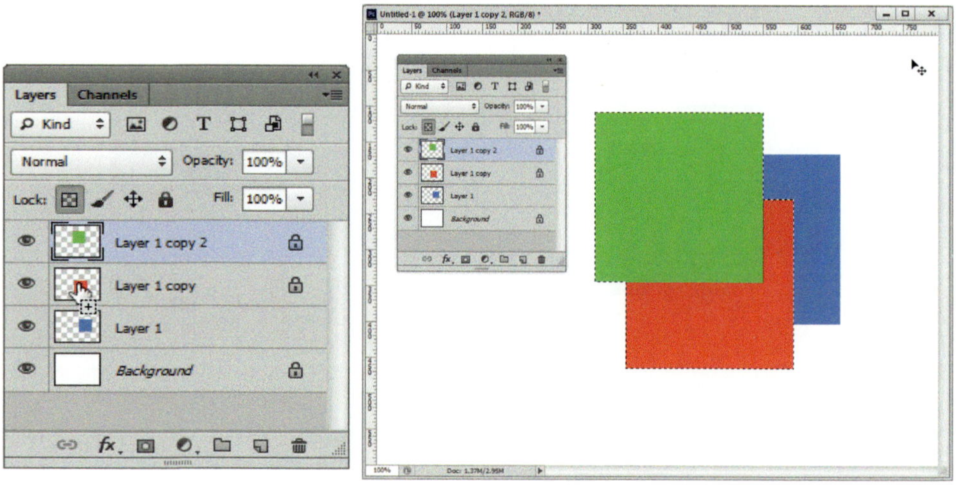

18) Ctrl + Alt 키를 누르고 파란색이 채워진 레이어의 썸네일 이미지를 마우스 왼쪽버튼으로 클릭

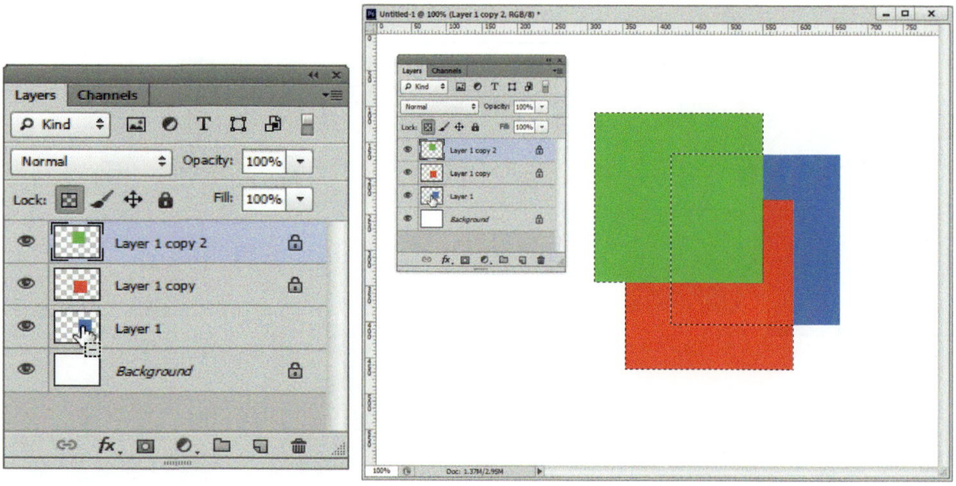

19) 레이어패널에서 파란색 사각형 이미지가 있는 Layer1을 드래그해서 녹색사각형 이미지가 있는 Layer1 copy 위로 이동

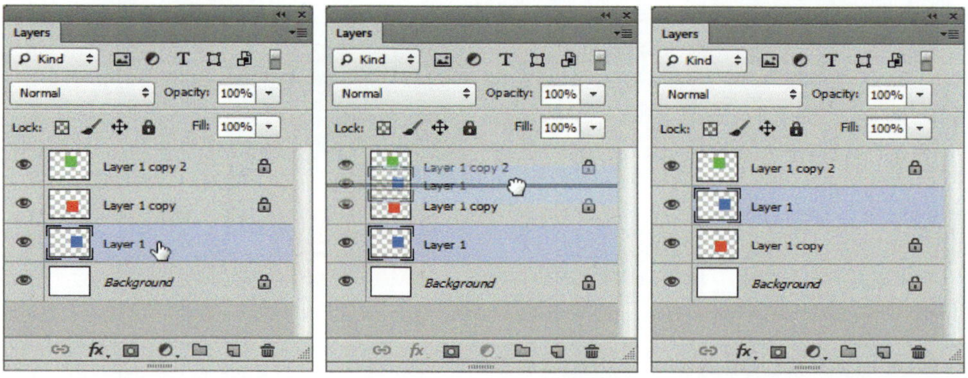

8. 레이어 순서 바꾸기

Ctrl +]	한 단계 위로 이동
Ctrl + [	한 단계 아래로 이동
Ctrl + Shift +]	맨 위로 이동
Ctrl + Shift + [	맨 아래로 이동

1) Ctrl 키를 누르고 ']'키를 누르면 Layer1 레이어가 위로 이동한다.

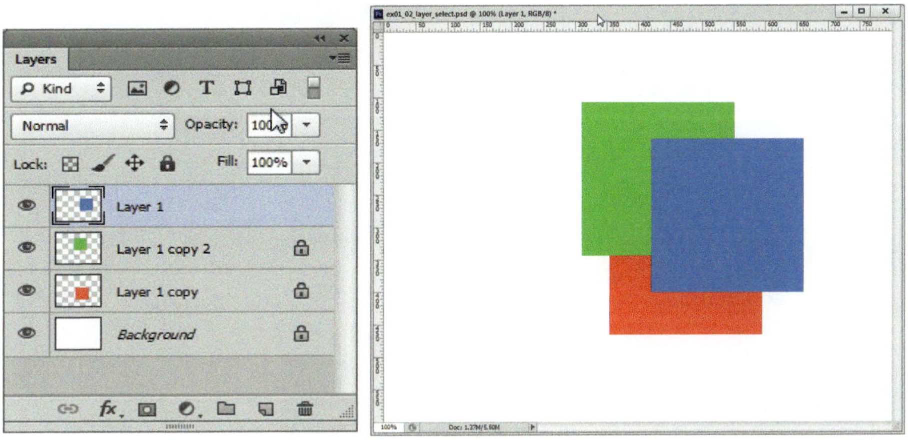

2) Ctrl 키를 누르고 '['키를 두 번 누르면 Layer1 레이어가 아래로 이동한다.

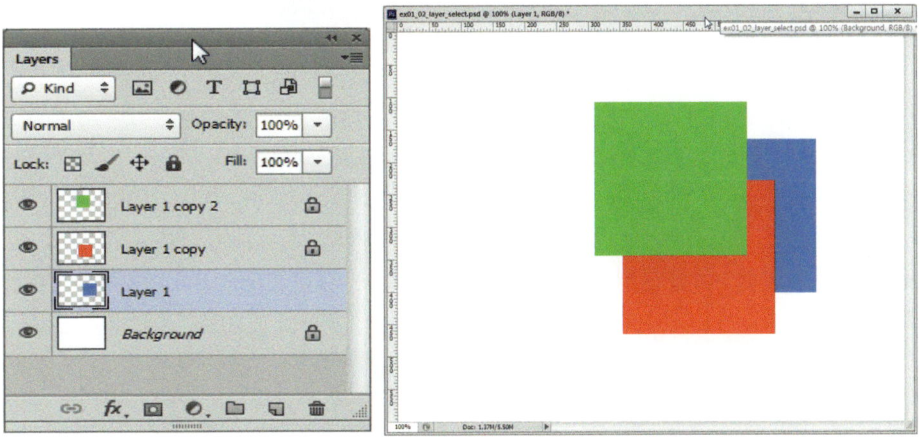

3) Ctrl + Shift 키를 누르고 ']'키를 누르면 Layer1이 맨 위로 이동한다.

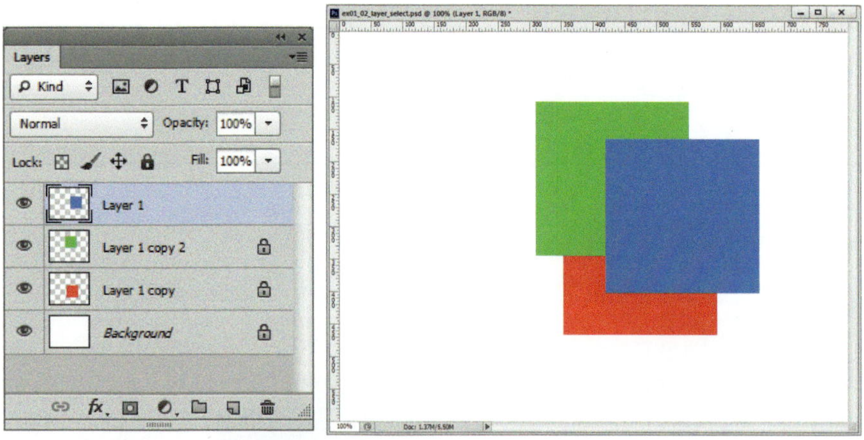

4) Ctrl + Shift 키를 누르고 '['키를 누르면 Layer1이 맨 아래로 이동한다.

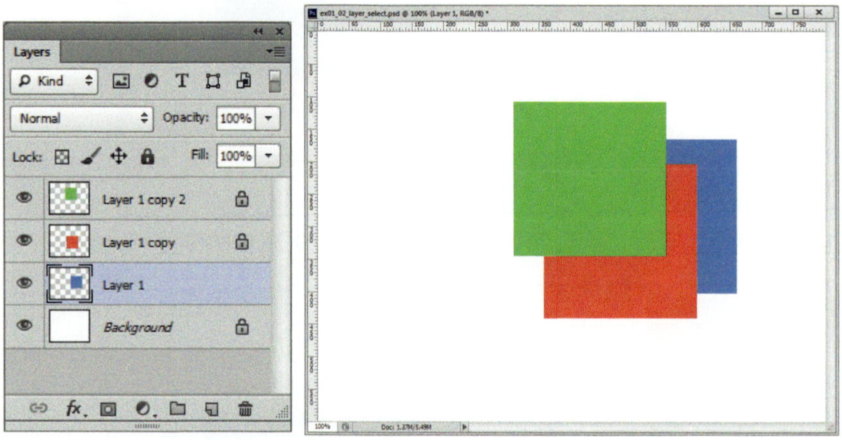

5) Background레이어 보다 아래로 가지 못하는 것을 볼 수 있다. Background레이어 아래로 이동하려면 Background레이어를 일반 레이어로 변경해야 한다.

6) Background레이어를 더블클릭해서 일반레이어로 변경하면 위아래 배치를 바꿀 수 있다.

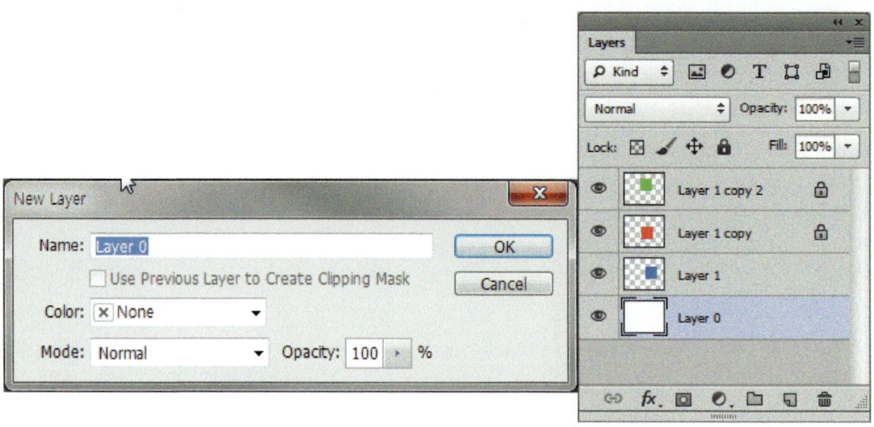

9. 캔버스에서 레이어 선택 및 이동

레이어를 선택하거나 이동하고 싶은 경우 Ctrl키를 누르고 캔버스에서 이미지를 클릭하면 레이어가 선택된다. 레이어를 많이 필요로하는 디자인작업 중 레이어를 선택할 때 유용하게 사용할 수 있다.

1) 이동툴( )을 선택하고 Ctrl키를 누르고 캔버스의 빨간색 사각형 클릭

2) Ctrl키를 놓고 이동툴이 선택된 상태에서 빨간색 사각형을 캔버스의 왼쪽 아래로 이동

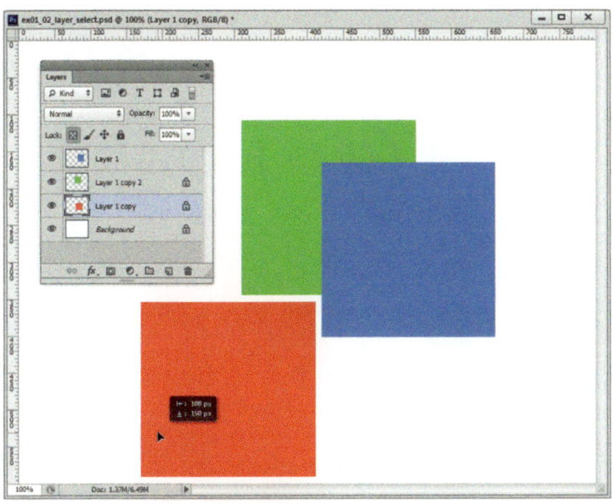

3) Ctrl키를 누르고 캔버스의 파란색 사각형 클릭하고 오른쪽 아래로 이동

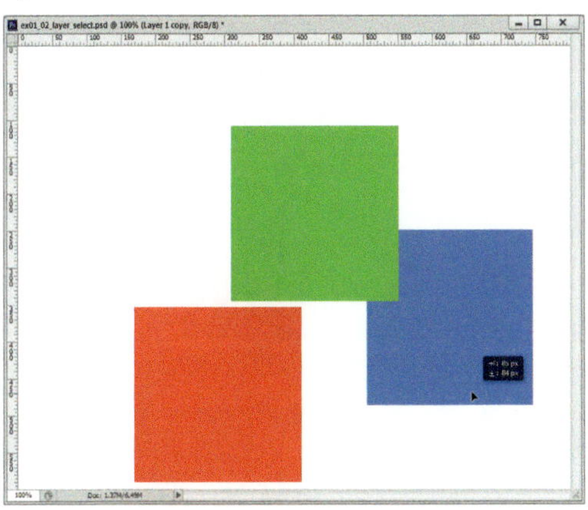

10. 선택툴을 이용한 태극모양 만들기

1) 새 문서 만들기

Preset의 web을 선택하고 800×600 pixels 선택, Resolution 72 Pixel/Inch, Color Mode : RGB Color에 8bit 선택 확인

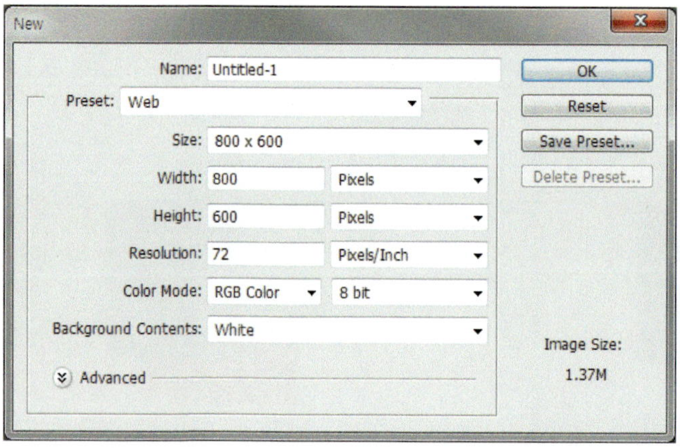

2) 레이어패널에서 Create a new layer 버튼() 클릭해서 레이어 추가

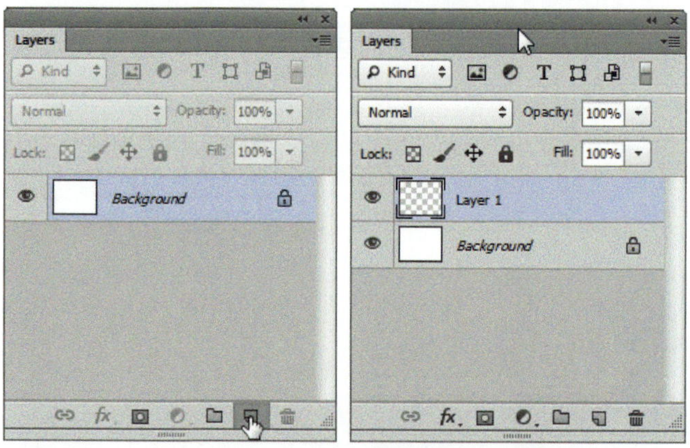

3) View > Show > Grid를 선택해서 그리드 보이게 설정하고

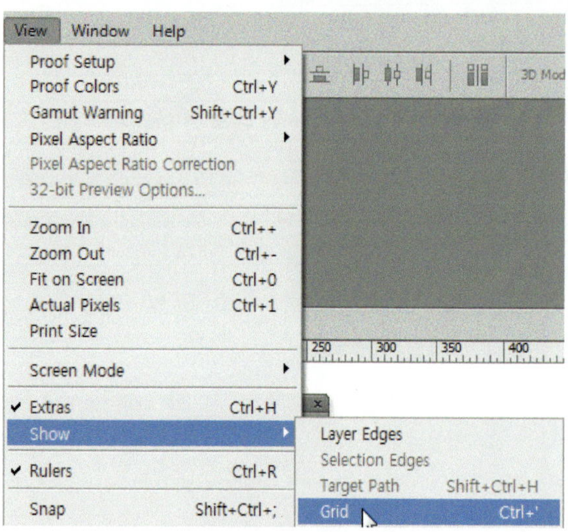

4) [View] > [Snap to] > [Grid]를 체크해서 Grid근처에 가면 Snap이 걸리도록 설정

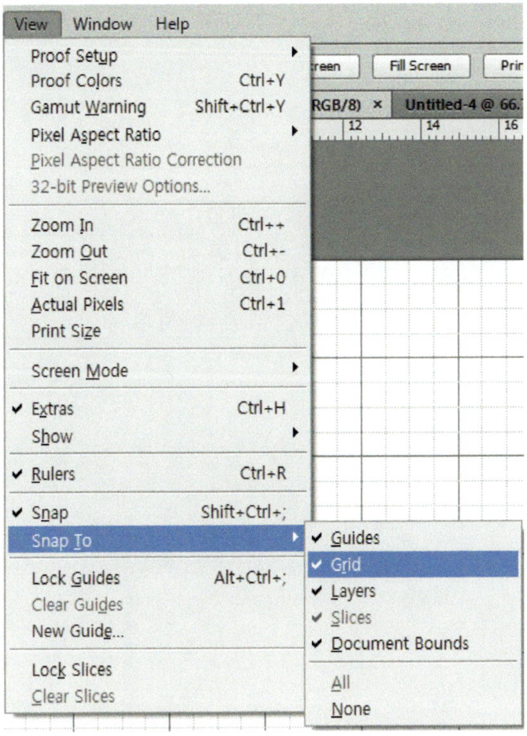

5) Edit > Preferences > Guides, Grid & Slices 실행하고 그리드 간격을 100 Pixels 로 설정하고 Subdivisions를 4로 설정
Gridline Every : 그리드라인의 간격을 설정하며 굵은 실전으로 표시
Subdivisions : 그리드라인을 가는 점선으로 등분할 숫자 입력

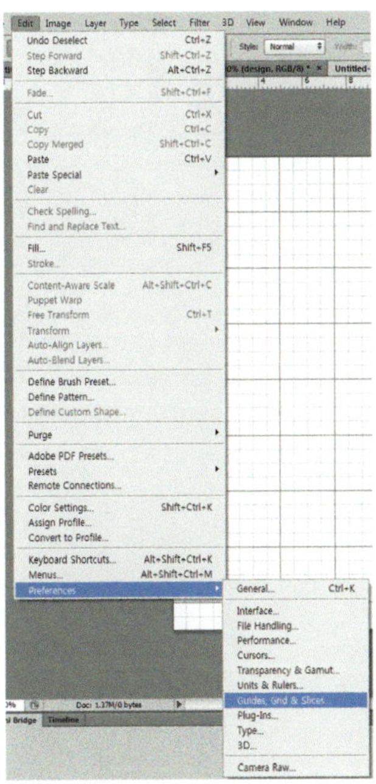

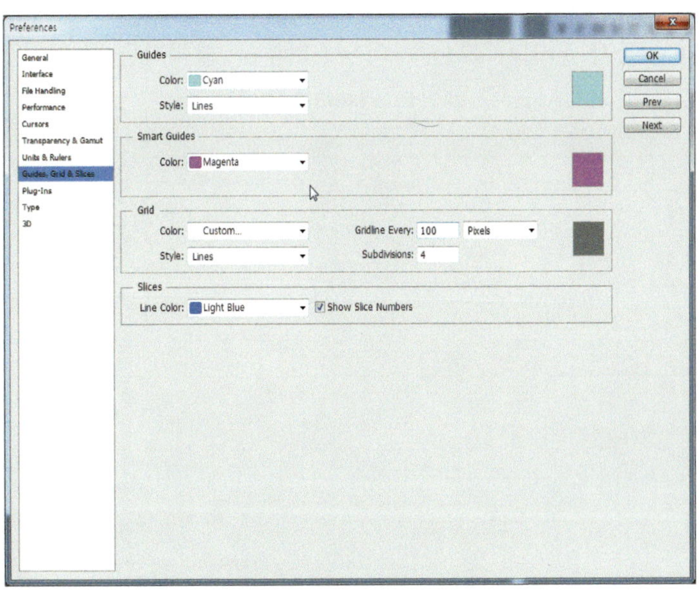

6) 툴박스에서 타원선택툴 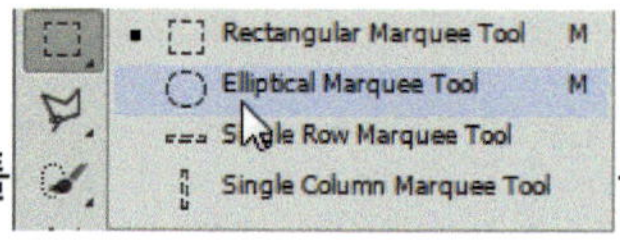

을 선택

◈ 선택영역 지정을 위한 필수 단축키

가로세로 비율 동일하게	드래그 중에 Shift
처음 클릭한 부분이 중심으로	드래그 중에 Alt
선택영역 지정 중에 이동	Space bar 누른 상태에서 드래그
선택영역에 더하기	Shift 키를 누르고 선택영역 지정
선택영역에서 빼기	Alt 키를 누르고 선택영역 지정
기존 선택영역과 교차영역	Shift + Alt 키를 누르고 선택영역 지정

7) 타원 선택툴 옵션 확인

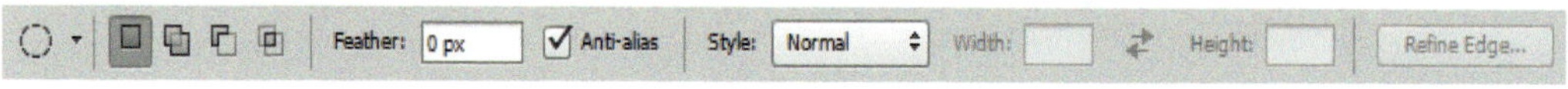

8) [View] > [Rulers]를 실행해서 눈금자가 보이도록 설정

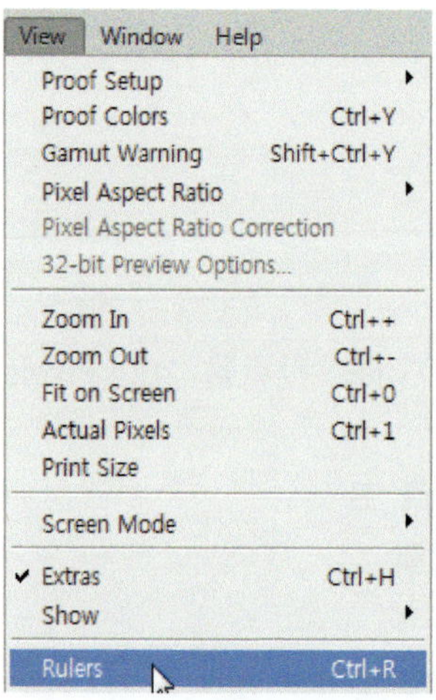

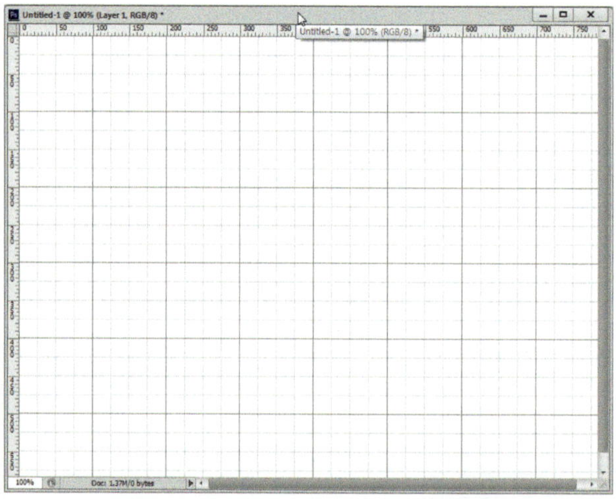

9) 눈금자 위에서 오른쪽 마우스버튼을 클릭하면 길이의 단위를 선택할 수 있는 팝업창이 나타나는데 단위는 Pixels를 선택

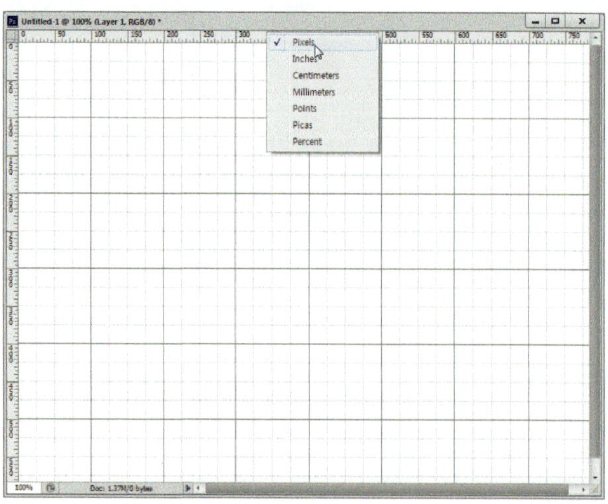

10) 그리드의 굵은 실선 네칸이 지름이 되도록 원을 둘러싸는 사각형을 머릿속에 그리고 좌측 상단에 시작되는 모서리에서 우측 하단의 모서리까지 드래그앤 드롭해서 선택영역 지정

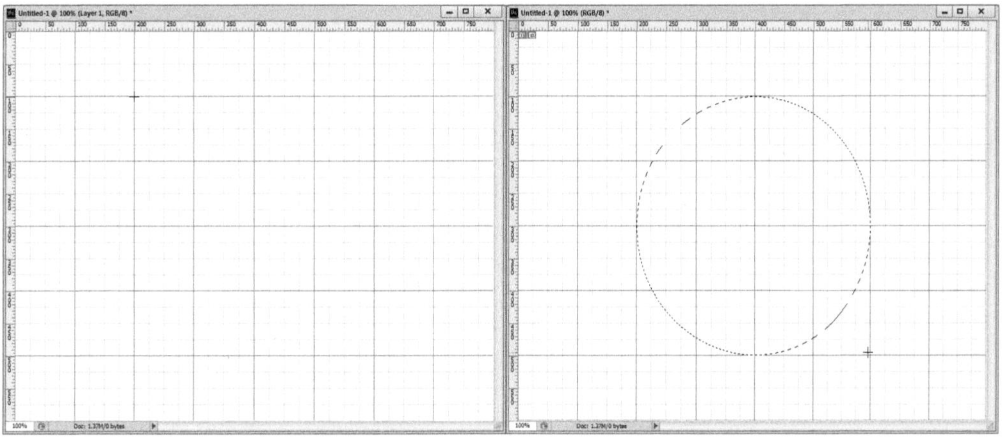

11) 툴박스에서 사각형 선택툴( )을 선택하고 Alt키를 누르고 원의 아래쪽 반원을 둘러싸도록 사각형 선택영역을 지정하면 위쪽의 반원만 선택된다.

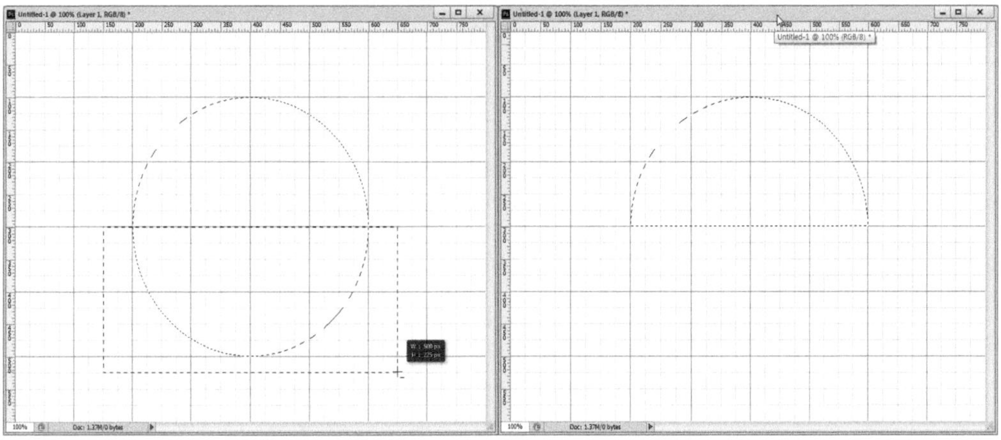

12) 타원선택툴을 선택하고 Shift키를 누르고 그리려고 하는 원을 둘러싸는 사각형을 상상해서 사각형의 좌측상단과 우측하단 모서리를 드래그앤 드롭해서 선택영역 합치기 실행

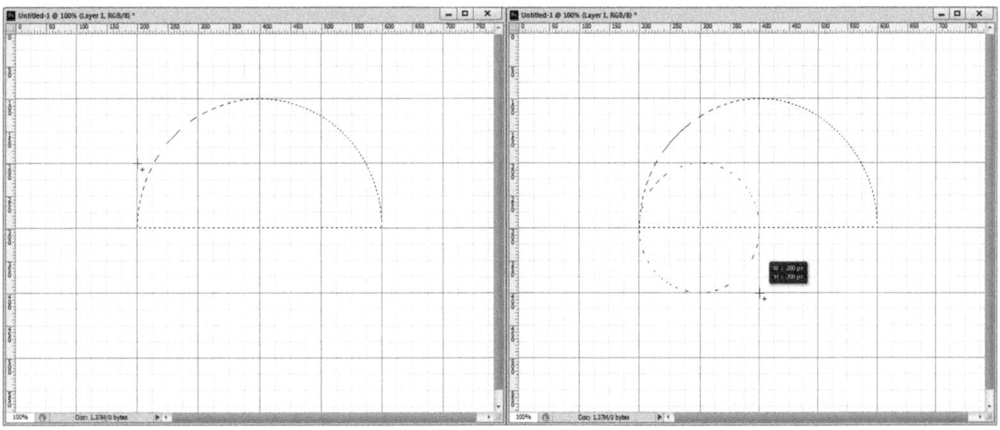

13) Alt키를 누르고 태극모양의 오목한 부분에 그려질 원을 둘러싸는 사각형을 상상해서 사각형의 좌측상단과 우측하단 모서리를 드래드앤 드롭한다.

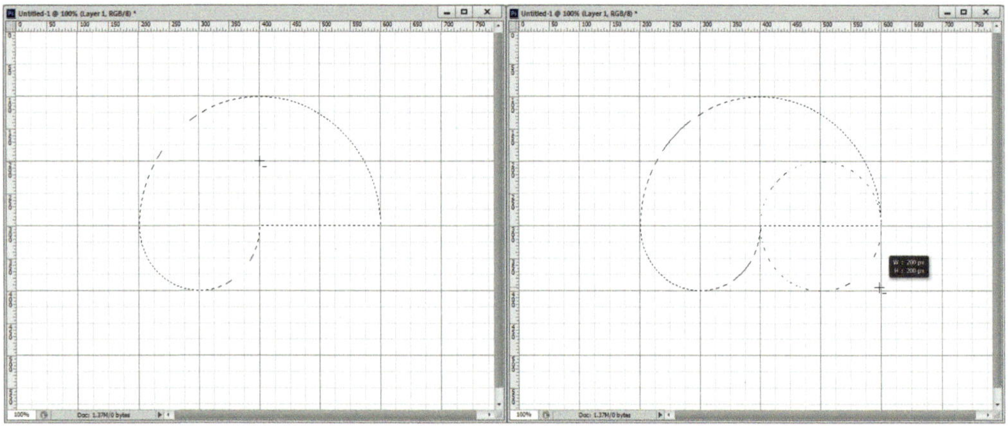

14) 전경색을 빨간색으로 선택하고 전경색 채우기(Alt + Delete)

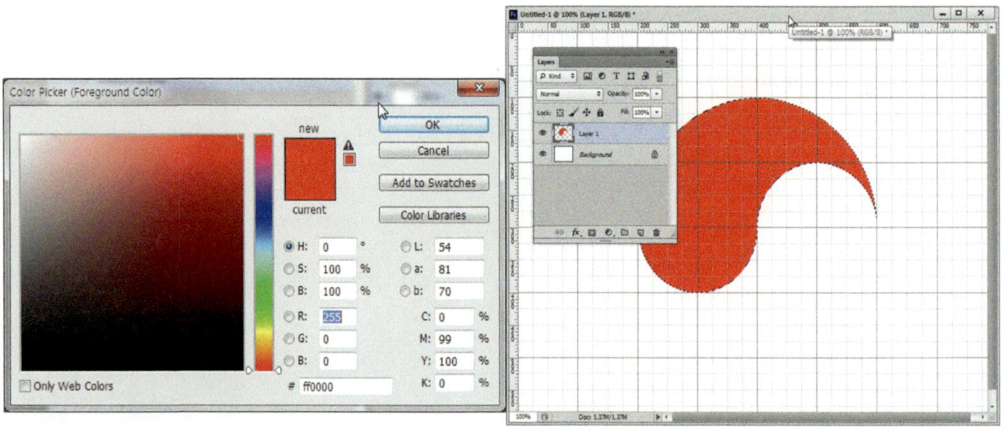

15) 타원 선택툴을 선택하고 원을 둘러싸는 사각형을 사각형을 상상해서 왼쪽상단에서 우측하단으로 드래그앤 드롭하여 원으로 선택영역 지정

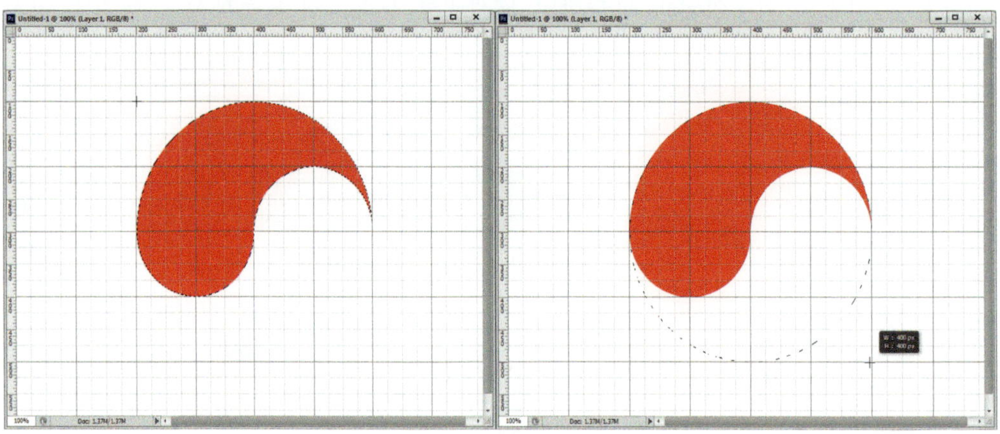

16) 툴박스에서 사각형 선택툴(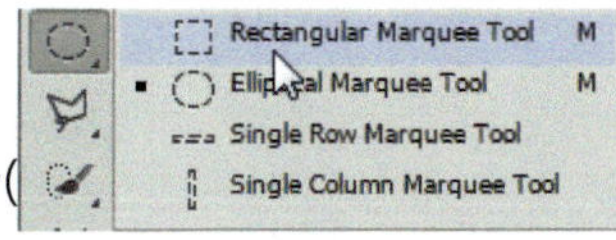)을 선택하고 Alt키를 누르고 원의 아래쪽 반원을 둘러싸도록 사각형 선택영역을 지정하면 위쪽의 반원만 선택된다.

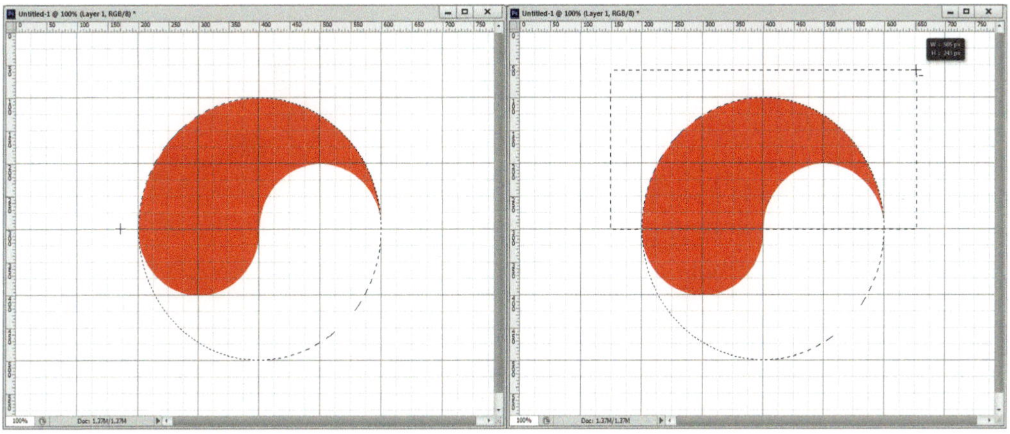

17) 타원 선택툴을 선택하고 Shift키를 누르고 그리려고 하는 원을 둘러싸는 사각형을 상상해서 사각형의 좌측상단과 우측하단 모서리를 드래그앤 드롭해서 선택영역 합치기 실행

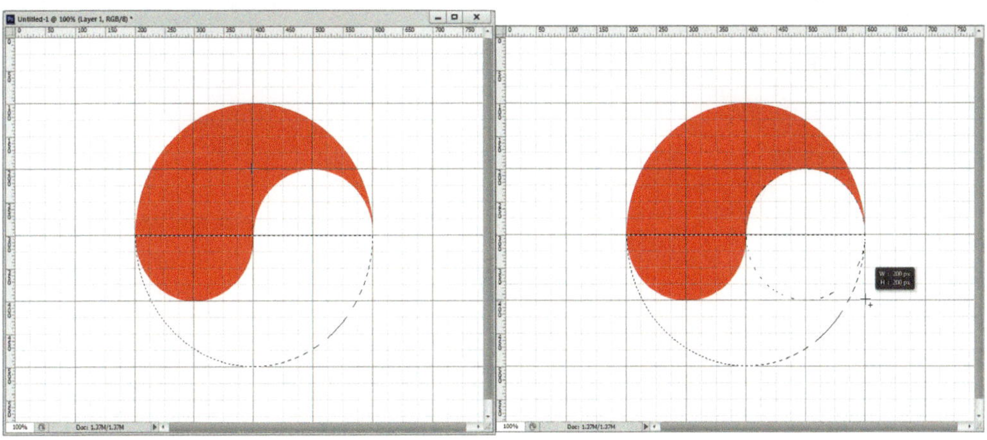

18) Alt키를 누르고 태극모양의 오목한 부분에 그려질 원을 둘러싸는 사각형을 상상해서 사각형의 좌측상단과 우측하단 모서리를 드래드앤 드롭한다.

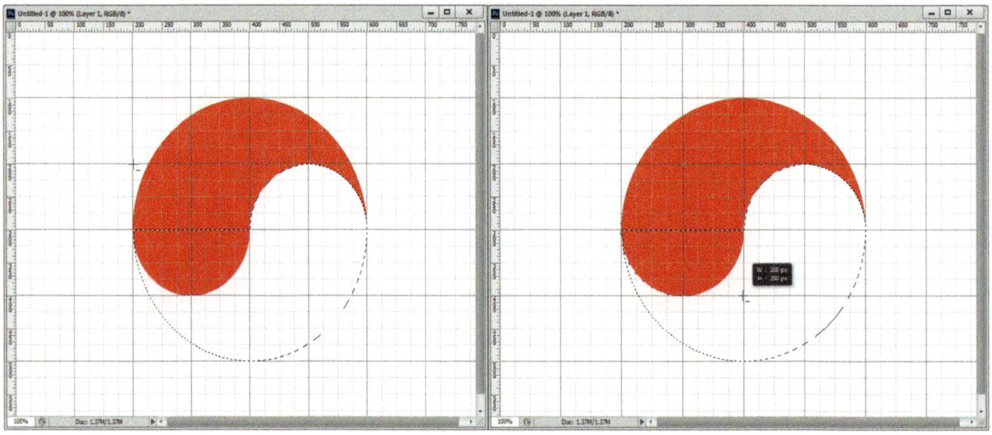

19) 전경색을 파란색으로 선택하고 전경색 채우기(Alt + Delete)

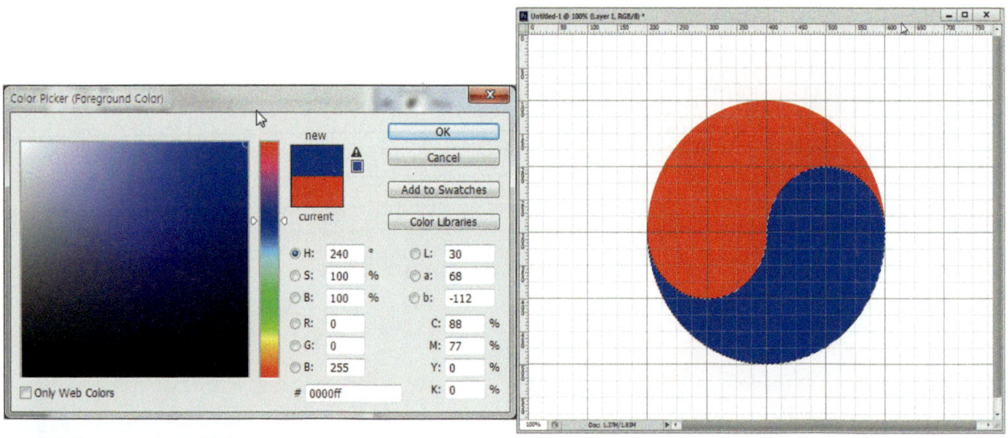

11. 사각형 선택툴을 이용한 선택영역지정

1) 새 문서 만들기

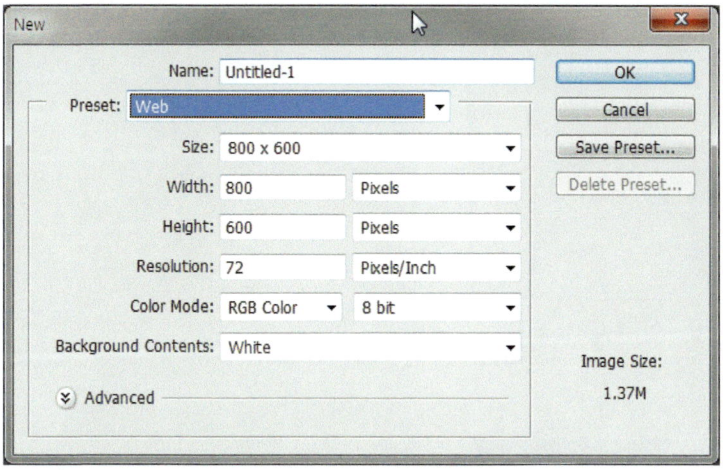

2) 새 레이어 만들기(Ctrl + Shift + N)

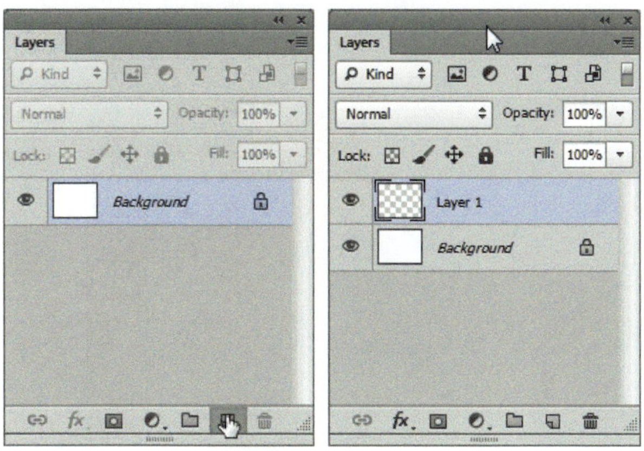

3) 사각형 선택툴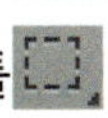 선택

4) 옵션에서 Style은 Fixed Size 선택하고 width와 height를 200px로 설정

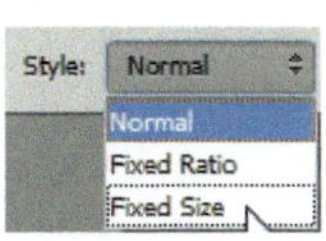

5) 전경색을 (R:146, G:168, B:209)로 선택

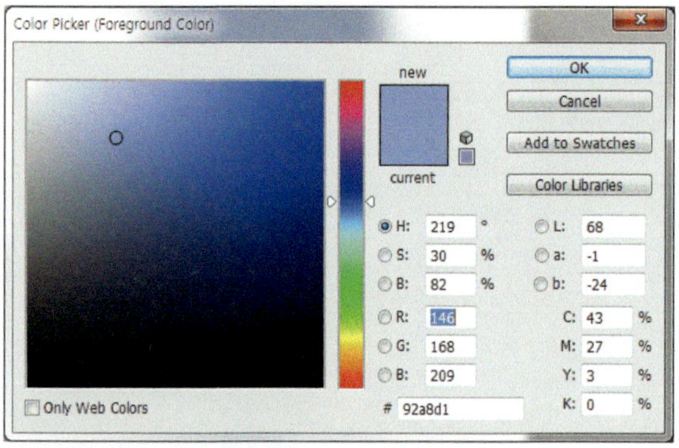

6) [View] > [Show] > [Grid] 선택(Ctrl + ')

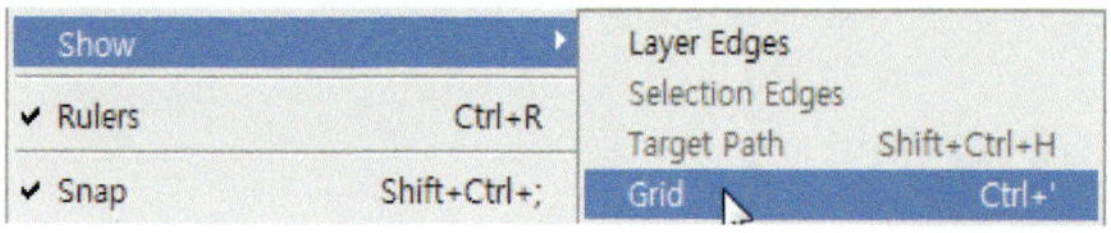

7) 옵션에서 Feather 값을 0px 설정(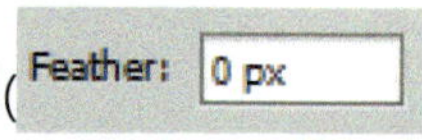

)하고 왼쪽 상단에 선택영역을 지정하고 색상 채우기(Alt + Delete)

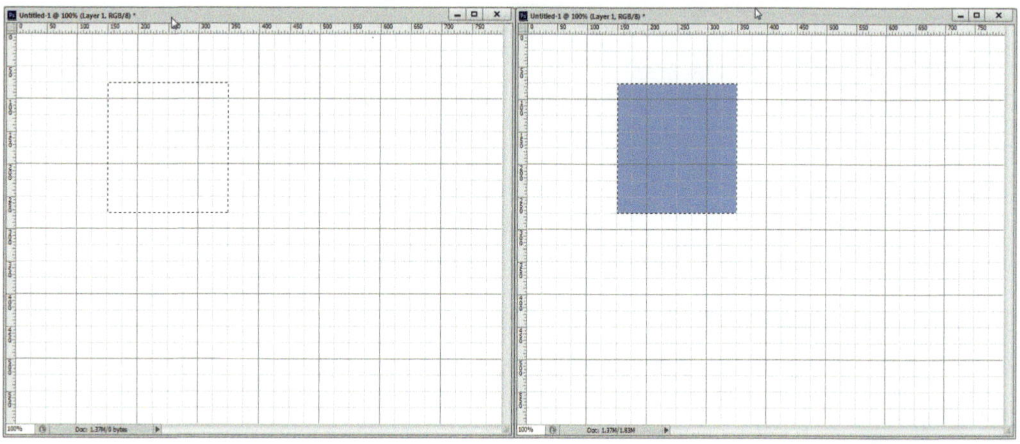

8) 옵션에서 Feather 값을 10px 설정(

)하고 오른쪽 상단에 선택영역을 지정하고 색상 채우기(Alt + Delete)

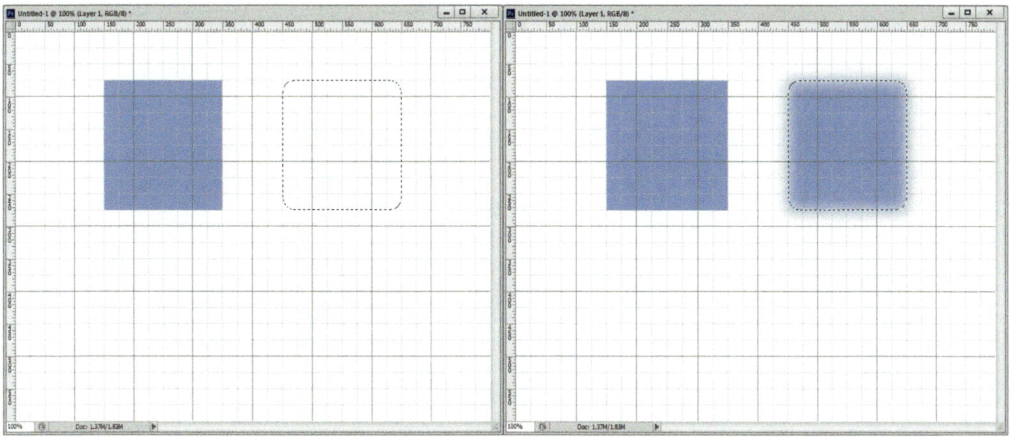

9) 옵션에서 Feather 값을 20px 설정(

)하고 왼쪽 하단에 선택영역을 지정하고 색상 채우기(Alt + Delete)

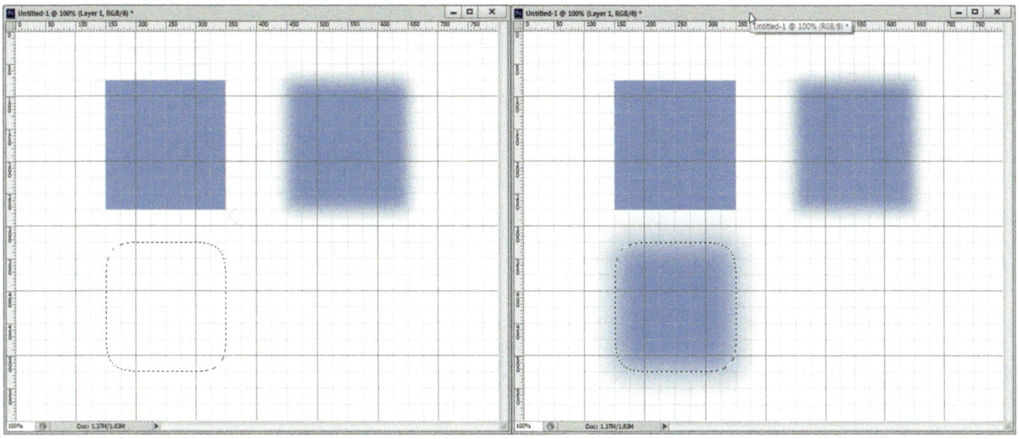

10) 옵션에서 Feather 값을 40px 설정(

)하고 오른쪽 하단에 선택영역을 지정하고 색상 채우기(Alt + Delete)

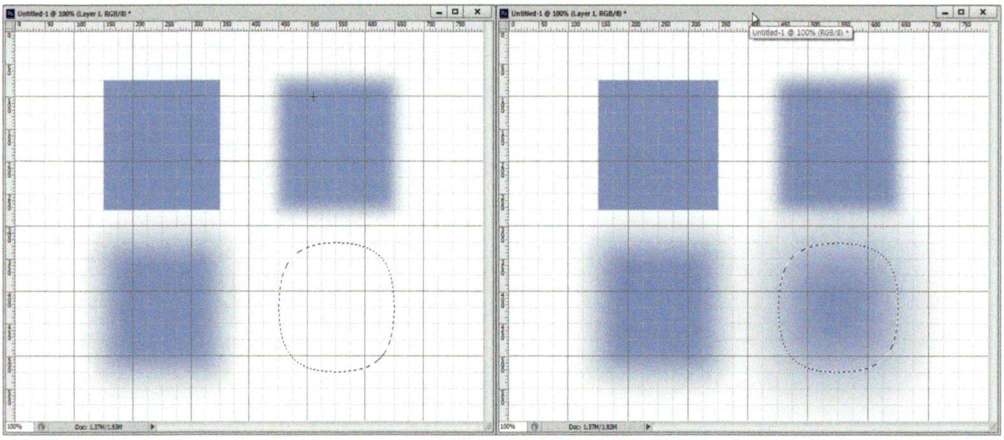

- Feather값에 따라 경계부분의 선택되는 정도를 선택한다. 포토샵에서는 이처럼 선택과 선택되지 않는 영역을 자연스럽게 설정할 수 있고 반대로 색상이 채워진 이미지를 이용해서 선택영역을 지정할 수 있다.

11) [File] > [Save]른 선택하고 파일 이름은 s_rect.psd로 저장

12. 문서와 문서 사이에 레이어 복사

레이어를 복사하는 방법	
1	레이어를 드래그앤 드롭으로 복사
2	레이어를 선택영역으로 지정해서 붙여넣을 캔버스를 선택하고 붙여넣는 방법
3	이미지 위에서 오른쪽 마우스 버튼을 누르고 레이어 복제 메뉴를 사용하는 방법

1) [File] > [Open] 선택해서 yosemite.jpg 파일 선택해서 열기

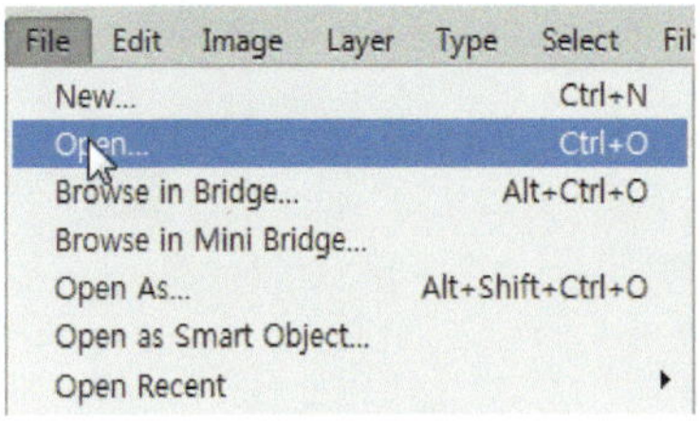

2) [Layer] > [Duplicate Layer]선택

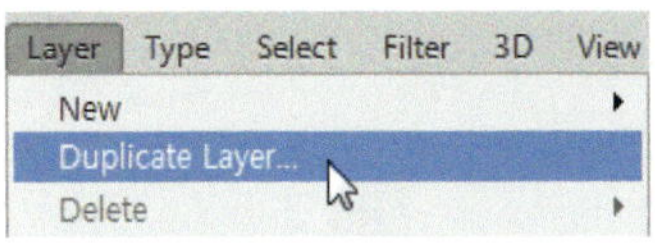

3) Destination 의 Document에서 **'s_rect.psd'** 선택

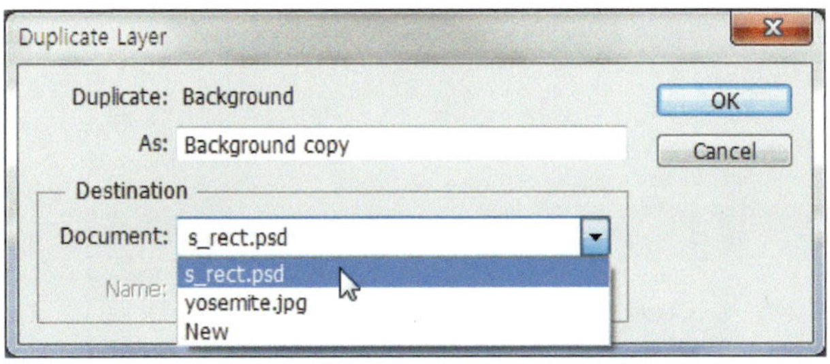

4) OK를 누르고 붙여넣기 한 문서를 보면 그림과 같이 레이어가 붙여넣기 된 것을 확인할 수 있다.

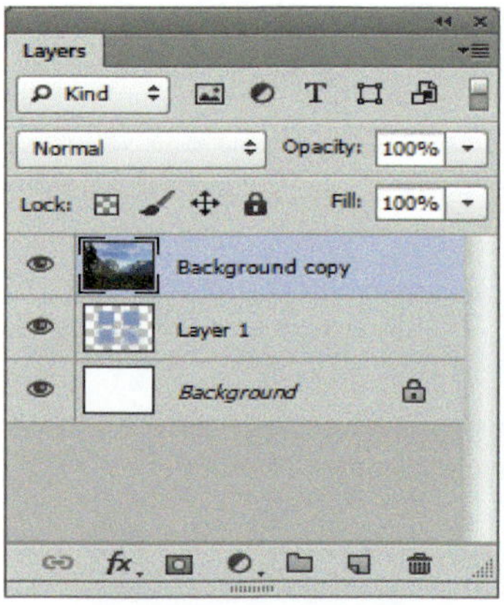

5) 레이어패널의 메뉴에서 [Create Clipping Mask] 선택(Alt + Ctrl + G)

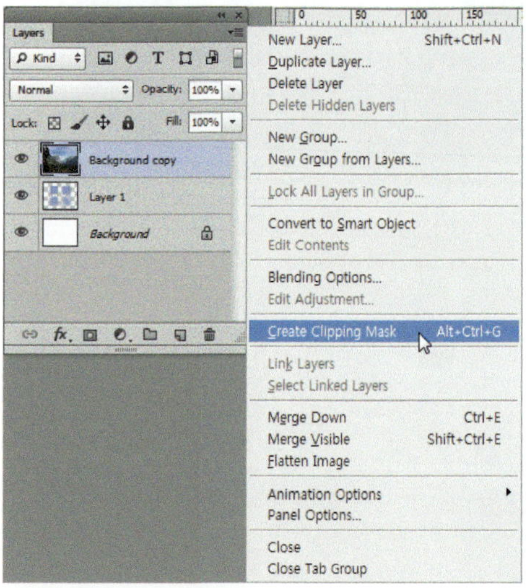

6) 클리핑마스크가 적용된 상태

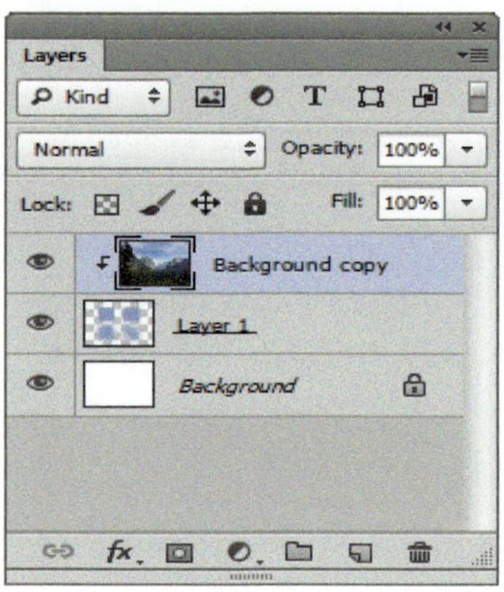

7) 해제할 때는 Background copy 레이어 위에서 오른쪽 마우스 버튼을 누르고 Release Clipping Make메뉴를 선택해서 해제(Alt + Ctrl + G)

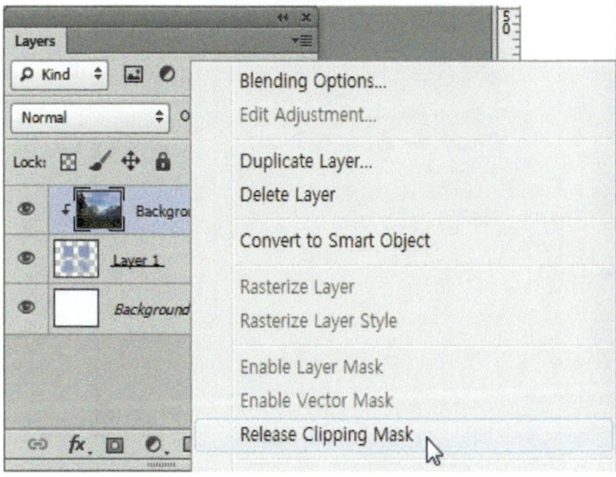

13. 수평 줄무늬 패턴 만들기

1) 새 문서 만들고 새로운 레이어 만들기

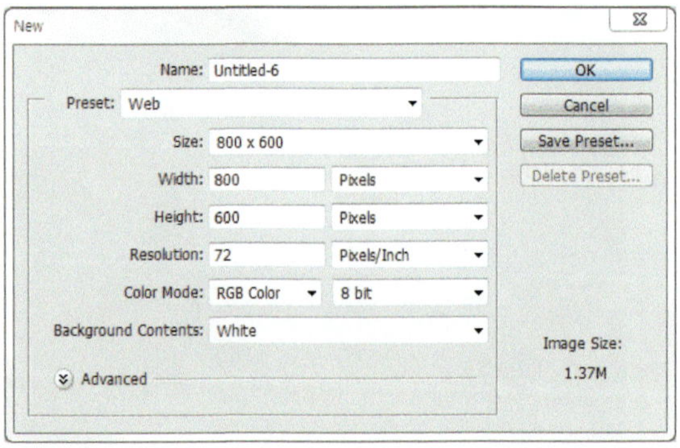

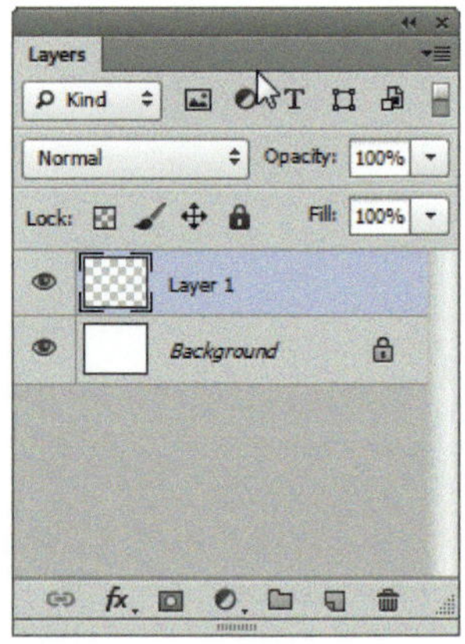

2) 사각형 선택툴(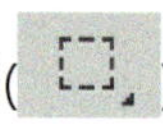)을 선택하고 옵션에서 Style : Fixed Size, Width 와 Height 는 20px로 설정

3) 전경색을 R:200, G:200, B:200 으로 색상 선택

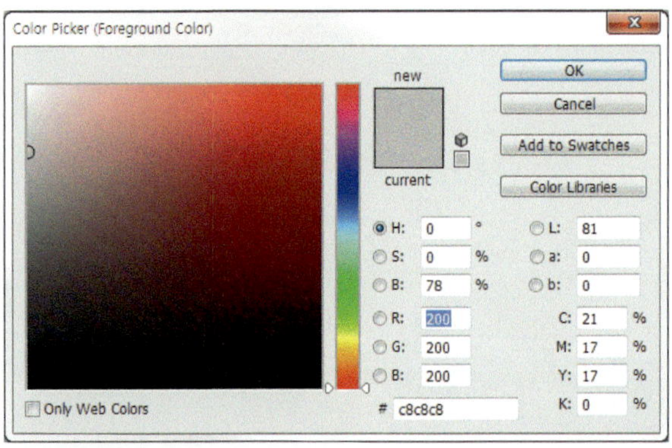

4) 캔버스 위에 선택영역을 지정하고 Layer1에 전경색 채우기(Alt + Delete)

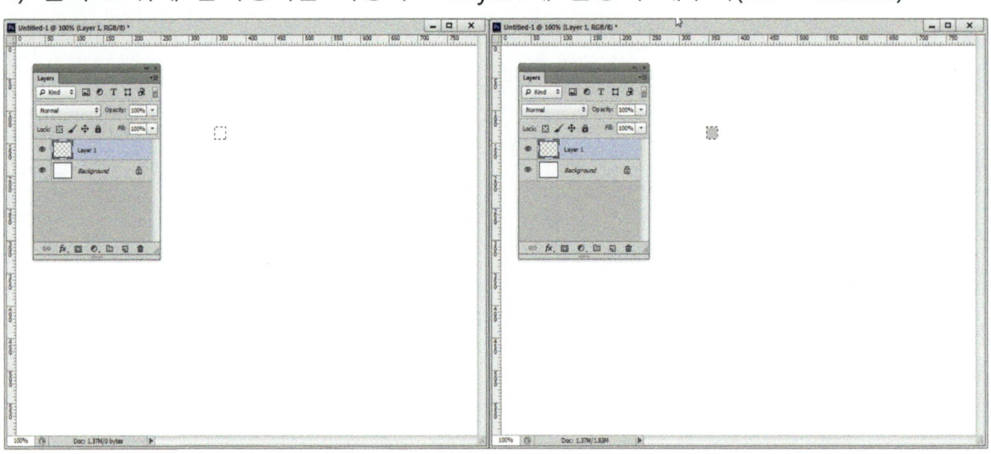

5) 옵션에서 Width : 20px, Height : 40px 설정()

6) Ctrl + Spacebar 키를 누르고 캔버스에 있는 이미지를 클릭하거나 오른쪽으로 드래그해서 확대시킨다.

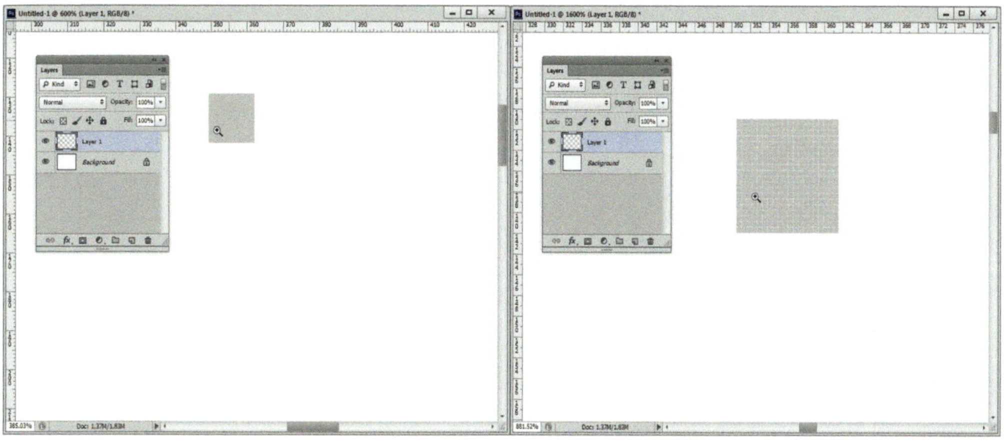

7) 회색사각형의 위를 클릭한 후 선택영역이 나타나면 선택영역의 안쪽을 클릭해서 드래그하여 회색사각형이 선택영역의 위쪽에 위치하도록 선택영역을 이동시킨다.

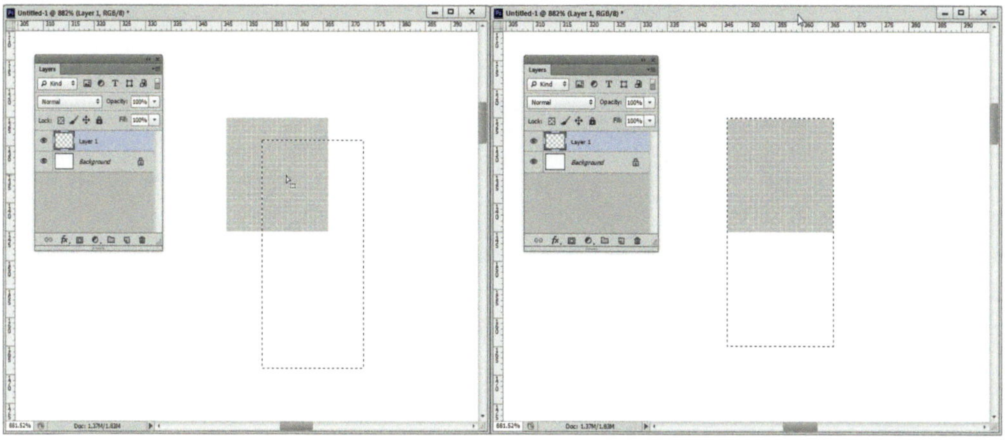

8) 레이어패널에서 백그라운드레이어의 눈 아이콘()을 클릭해서 보이지 않게 설정

9) Edit > Define pattern 선택

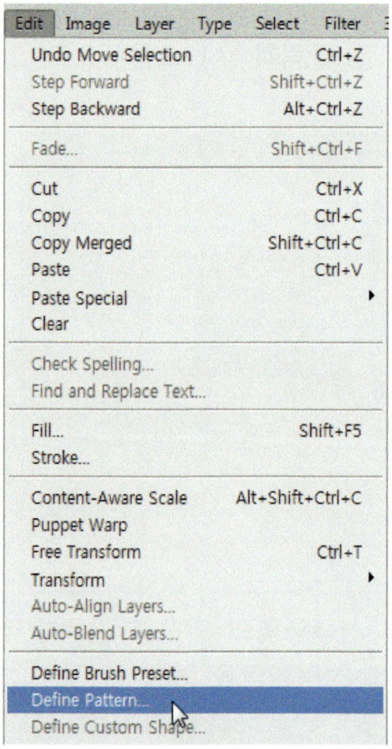

10) Pattern Name을 Gray20px_H_Line로 지정

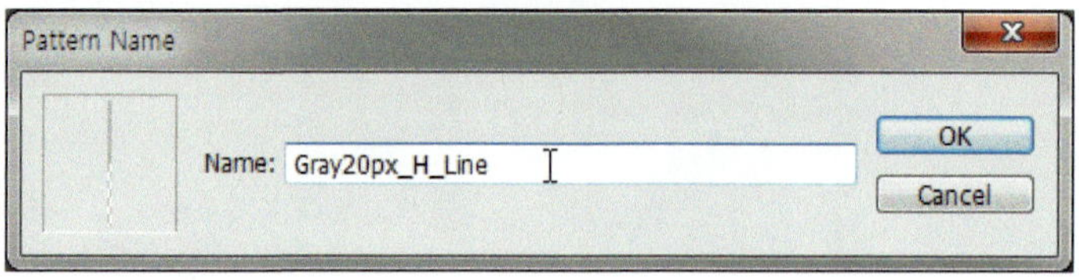

11) Delete키를 눌러서 회색 사각형을 지운다.

12) Select > Deselect를 선택(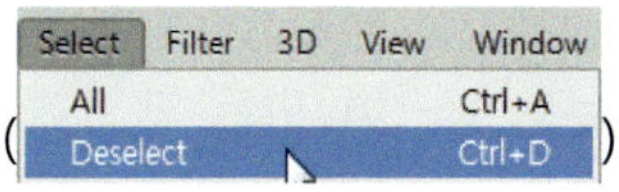

)해서 선택영역을 해제(Ctrl + D)

13) Ctrl + Alt + 0 키를 눌러서 100% 보기로 설정

14) Edit > Fill 선택

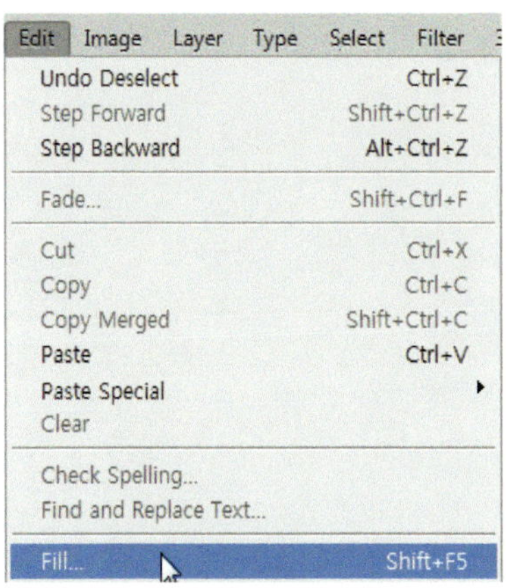

15) Contents의 Use를 Pattern으로 선택하고 Custom Pattern에서 방금 만든 패턴을 선택한 후 OK버튼을 눌러서 실행(최근에 만든 패턴에 가장 뒤에 있음)

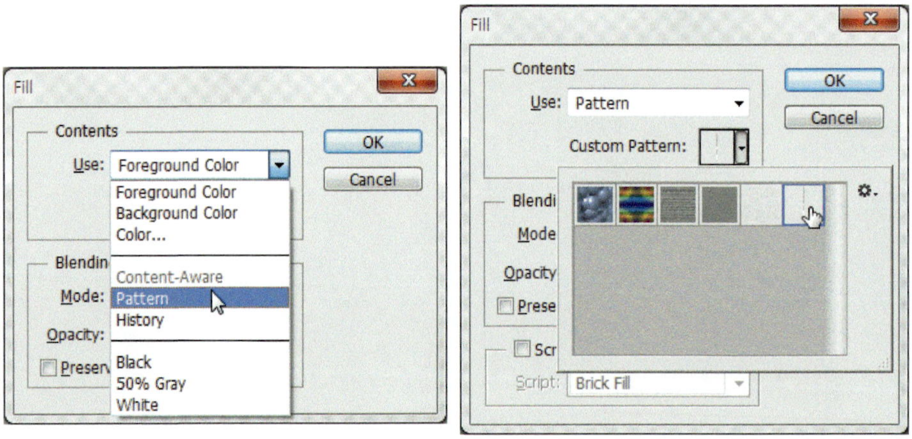

16) Background 레이어를 보이게 설정

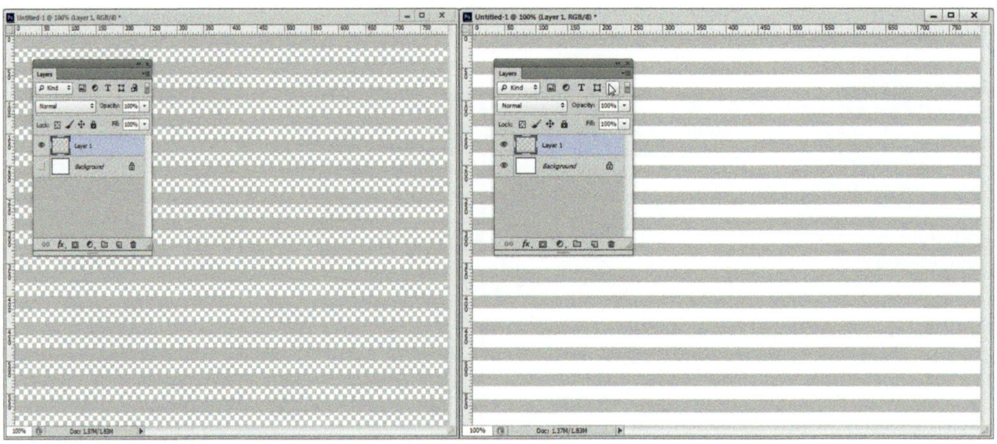

17) 레이어패널에서 Lock transparent pixels 아이콘(⊠) 클릭

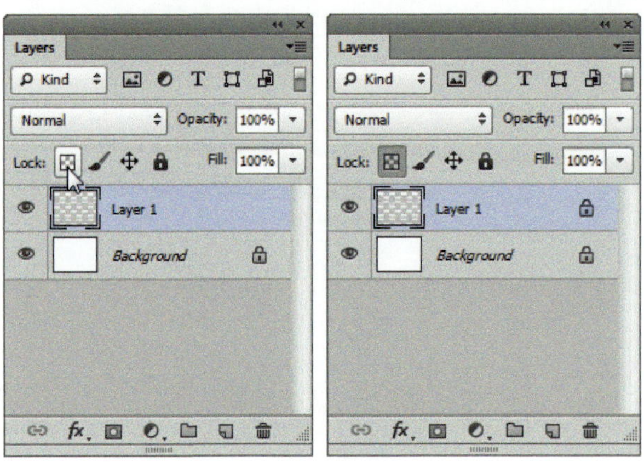

18) 전경색을 R:209, G:233, B:222 로 변경하고 전경색 채우기

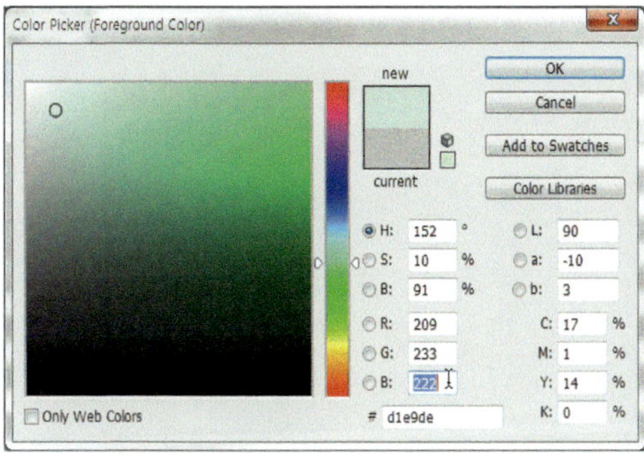

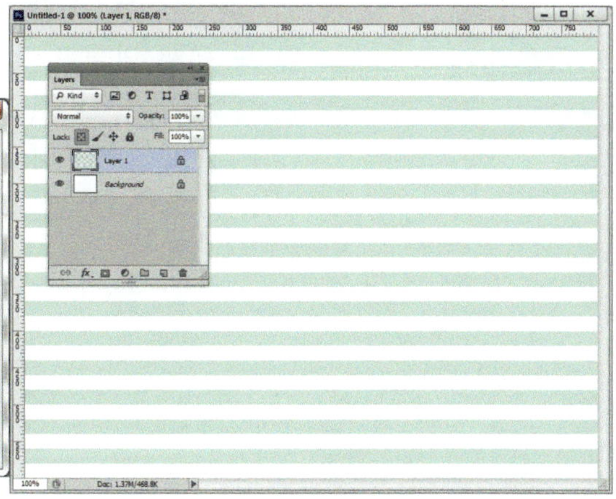

14. 세로 패턴을 이용한 방사형이미지 만들기

1) 가로와 세로 800px 인 새 문서 만들고 새 레이어 만들기(Ctrl + Shift + N)

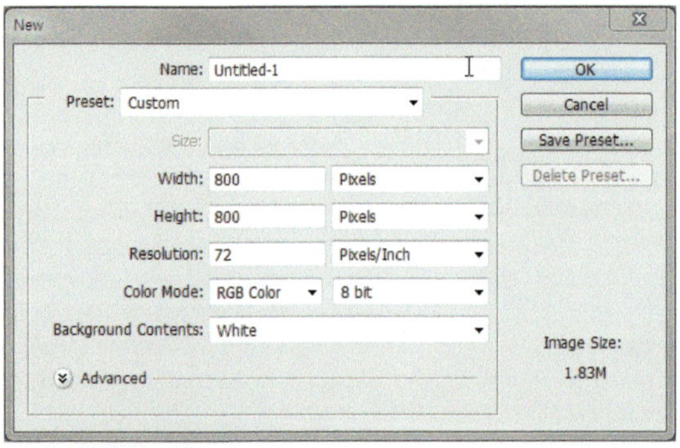

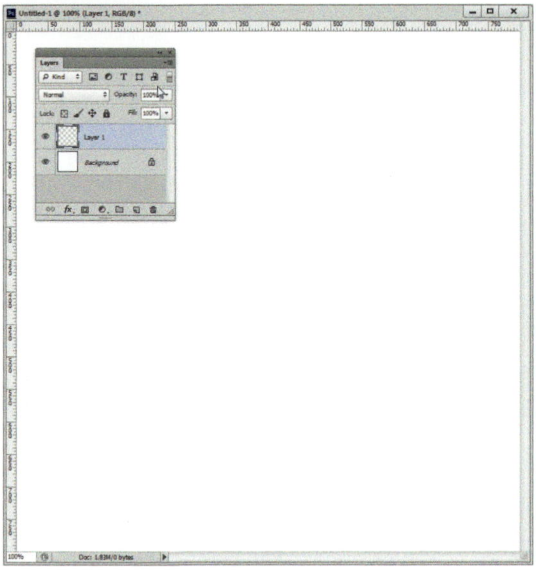

2) 사각형 선택툴(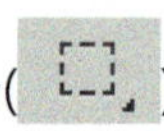)을 선택하고 옵션에서 Style : Fixed Size, Width 와 Height 는 20px로 설정

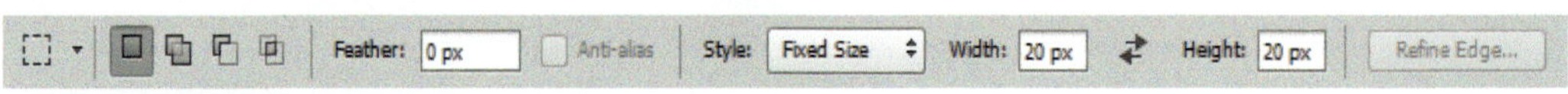

3) 전경색을 R:233, G:231, B:209 으로 색상 선택

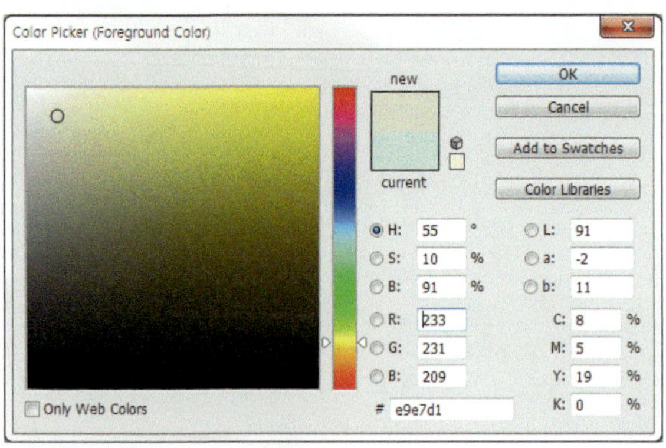

4) 캔버스 위에 선택영역을 지정하고 Layer1에 전경색 채우기(Alt + Delete)

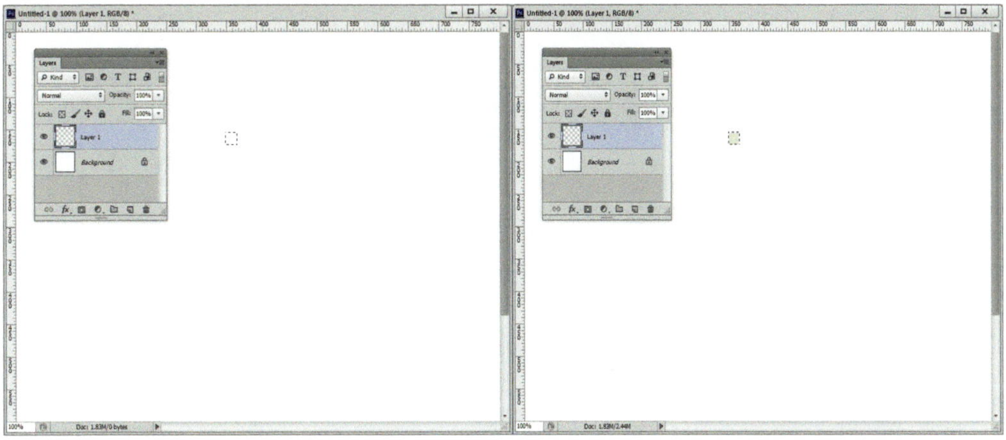

5) 옵션에서 Width : 40px, Height : 20px 설정(

)

6) Ctrl + Spacebar 키를 누르고 확대한 후 사각형 이미지가 선택영역의 왼쪽에 놓이도록 설정

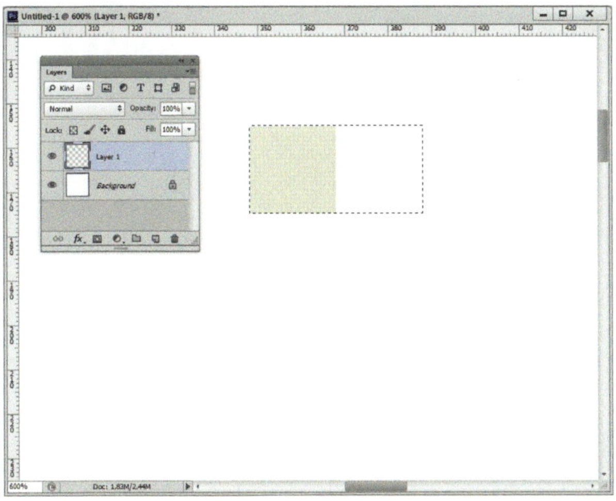

7) 레이어패널에서 백그라운드레이어의 눈 아이콘( )을 클릭해서 보이지 않게 설정한 후 [Edit] > [Define Pattern] 실행

8) Pattern Name을 Gray20px_W_Line로 지정

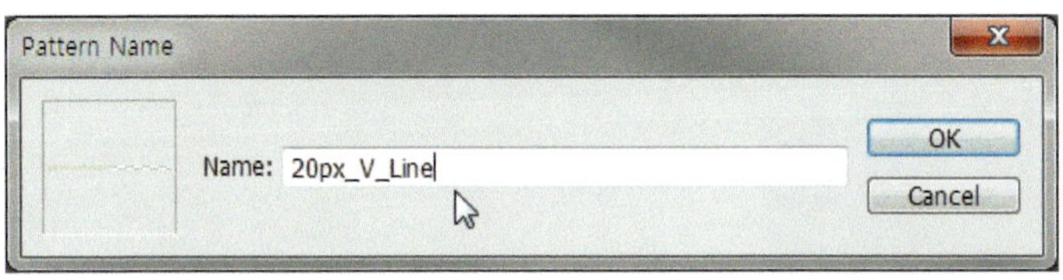

9) Delete키를 눌러서 회색 사각형을 지운 후 [Select] > [Deselect]를 선택해서 선택영역을 해제(Ctrl + D)

10) Ctrl + Alt + 0 키를 눌러서 100% 보기로 설정

11) [Edit] > [Fill] 선택 한 후 Contents의 Use를 Pattern으로 선택하고 Custom

Pattern에서 방금 만든 패턴을 선택한 후 OK버튼을 눌러서 실행(최근에 만든 패턴에 가장 뒤에 있음)

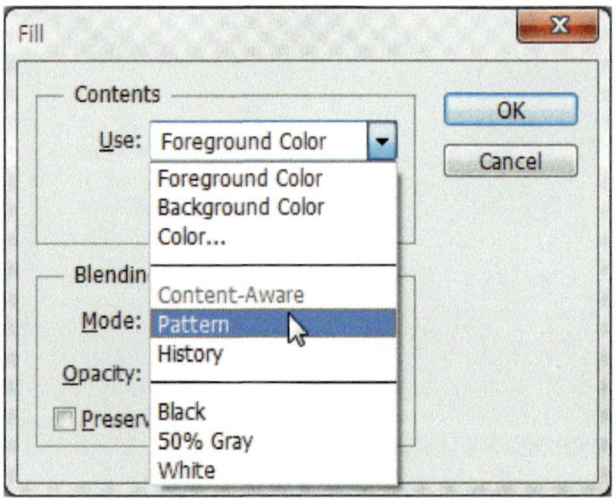

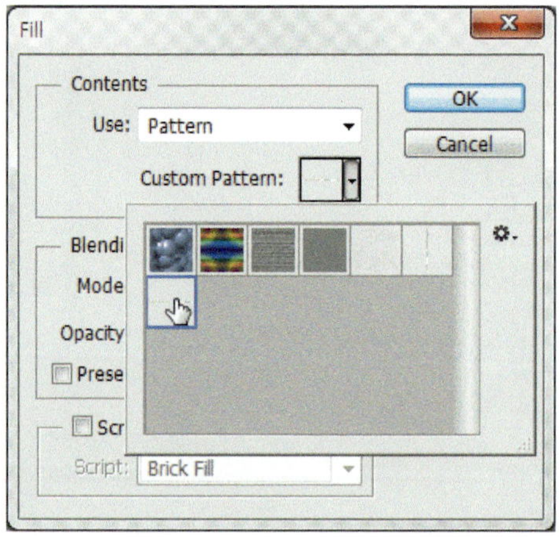

12) Background 레이어를 보이게 설정

13) [Filter] > [Distort] > [Polar Coordinates]

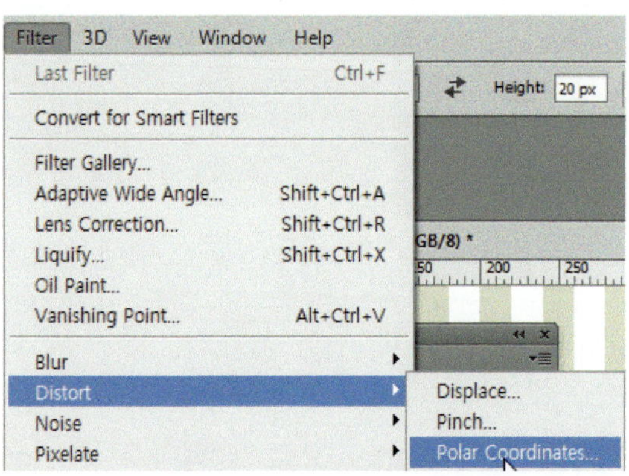

14) Rectangular to Polar 선택해서 직교 좌표를 극좌표로 변환한다.

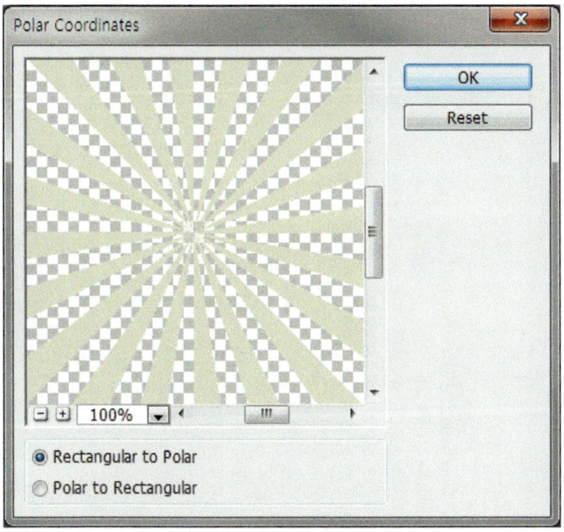

15) 직교좌표를 극좌표로 만든다

16) [Filter] > [Distort] > [Polar Coordinates]를 실행하고 Polar to Rectangular를 선택한다.

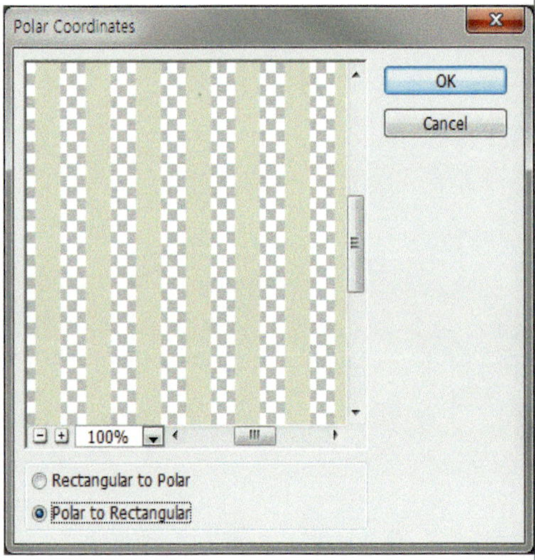

15. 디지털색채와 색채조화

1) 색의 3요소

[1] 색상(hue)

태양 광선을 분광해서 나누었을 때 380nm~780nm까지의 가시광선에 해당하는 무지개 빛깔을 색상이라고 한다.

[2] 명도(lightness, value)

밝고 어두움의 정도를 나타내며 명도가 높은 색은 흰색이며 명도가 가장 낮은 색은 검정이다.

[3] 채도(chroma, saturation)

색의 맑고 탁한 정도로 채도가 높은 색은 순색에 가까운 색으로 눈에 강한 자극을 주는 색이며, 채도가 가장 낮은 색은 흰색과 검정색을 포함한 회색에 해당한다.

[4] 한국의 색체계

한국산업규격 KS색상규정은 먼셀 컬러시스템을 도입하여 20색상환을 기본색으로 사용하고, 채도와 명도로 구성된 KS색조 분류로 체계화하고 있다.

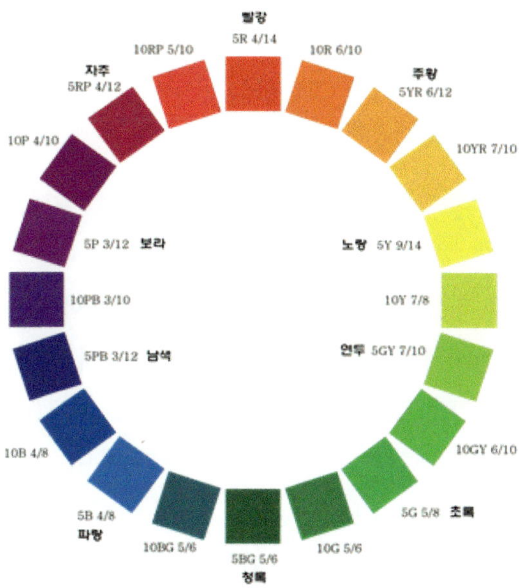

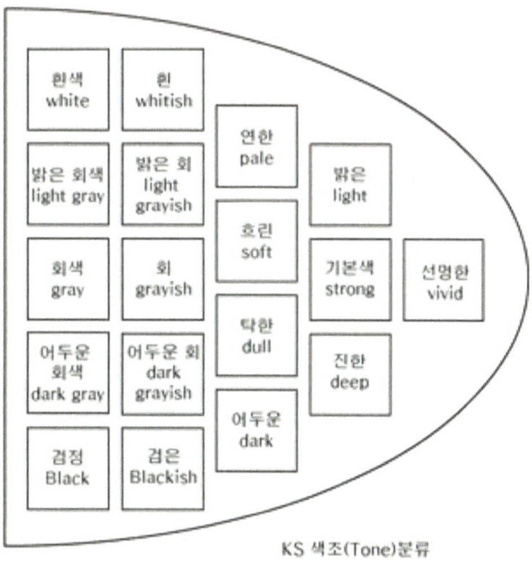

KS 색조(Tone)분류

2) 디지털색채의 이해

디지털 색채는 최종결과물이 모니터를 통해 보여지는지 또는 인쇄돼서 보여지는지에 따라 적절한 색상모드를 선택해서 사용해야 한다. 색을 표현하는 색광의 영역은 색료의 영역보다 더 넓으며 더 높은 채도를 표현하기 때문에 RGB모드로 제작된 파일을 인쇄하게 되면 모니터에서 확인했던 색과 많은 차이가 발생할 수 있다. 그러므로 출력을 위해 제작하는 그래픽은 CMYK모드를 사용해야 모니터로 확인 한 색과 인쇄한 매체에 표시되는 색의 차이를 최소화할 수 있다.

색의 인식	매체	삼원색
빛(색광)	TV, 모니터, 스마트폰 등	Red, Green, Blue
색(색료)	제품, 인쇄물 등	Cyan, Magenta, Yellow

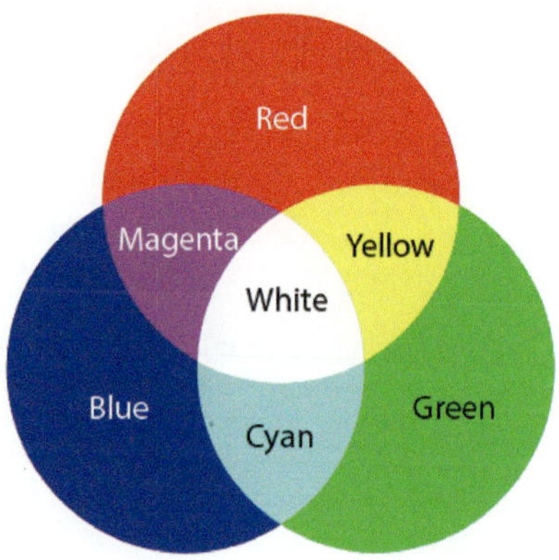

그림 279 RGB모드

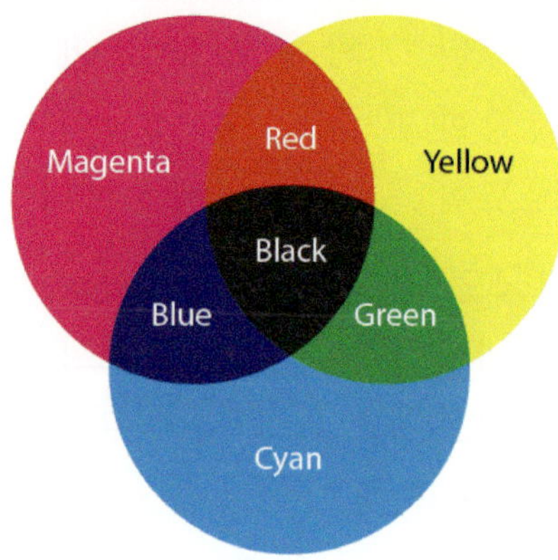

그림 280 CMYK모드

2) 디지털색채체계

자연계의 수많은 컬러를 컬러 디스플레이에 표시하고 효과적으로 색을 사용하기 위해서는 수치로 계량화 하여 기준을 만들어 놓을 필요가 있다. 자연계의 전체 컬러를 표시하는 공간(space)에서, 그 중에 어느 정도의 범위 영역(gamut)을 자치하는지 표시하여 계량화할 수 있다. 이와 같이 컬러의 표현 영역인 색 표시계(color system)를 3차원 입방체의 좌표계에 표시한 것이 색공간이며, 색 표시계의 모든 색들은 이 색 공간에서 3차원 좌표로 나타낸다.

국제조명위원회(International Commission on Illumination, CIE)가 1931년 인간의 색채 인지에 대한 연구를 바탕으로 좌표 x,y,z 축 공간에 컬러의 영역을 입체적으로 표현할 수 있는 수학적으로 정의된 최초의 컬러 스페이스(color space)라는 개념을 발표했다.

오늘날 카메라, 스캐너, 모니터, 컬러 프린터 등의 컬러 영상 장비 개발 및 응용 단계에서 색 공간은 정확한 색을 재현하기 위하여 필수적으로 활용되고 있다.

1 현색계(Color Appearance System)와 혼색계(Color Mixing System)

구분	현색계	혼색계
정의	눈으로 지각되는 색채 차이로 분류한 색채 체계	색을 정량적으로 혼합하여 구분한 색채 체계
종류	먼셀, 한국산업규격(KS), NCS, DIN, OSA/UCS	오스트발트 색표계, CIE 표준 색표계, Hunter Lab, CIE 색표계 (L*a*b*, L*u*v*, L*C*h*, XYZ, Yxy)
특징	사용과 이해가 쉽고, 시각적으로 확인할 수 있다. 지각적으로 일정하게 배열되며 측색기를 필요로 하지 않는다. 용도에 맞게 배열과 개수를 조절가능하고 눈으로 샘플을 보면서 재현 가능하나 반드시 색표를 봐야 하고 정밀한 색표를 구하기 어렵다. 광원의 영향에 따라 다르게 지각될 수 있으며, 변색되기 쉽다는 어려움이 있다	사용자가 환경을 임의로 설정하여 측정할 수 있고, 정확한 측정을 할 수 있다. 색표계로 변환시킬 수 있고, 오차를 적용할 수 있다. 수치로 표기되기 때문에 변색이나 탈색이 일어나지 않는다. 색을 지각할 수 있는 감각적 부분이 없고, 현색계 색표와는 많은 차이가 날 수 있다. 수치로 구성되는 기기가 있어야 하고 감각적인 검사에서 오차가 발생할 수 있다.

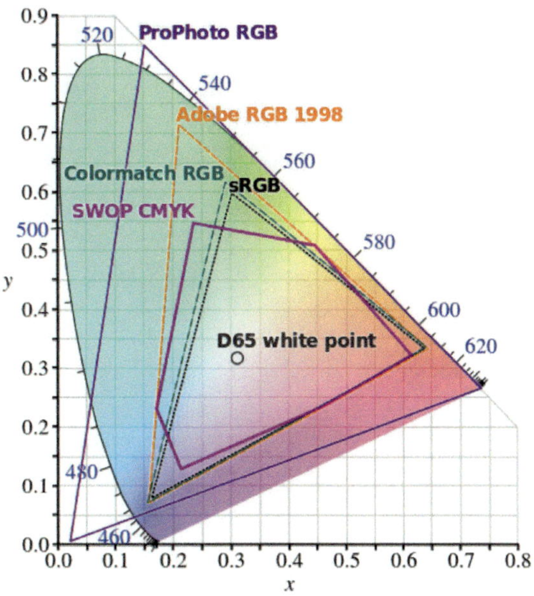

그림 281 색 영역 비교(source Wikipedia)

3) 그래픽 툴에서 사용되는 컬러모드

1 RGB모드

Red, Green, Blue의 이니셜로 모니터의 색상에 기초하여 색을 구현하는 모드라고 할 수 있다. Red, Green, Blue 세 가지 색의 가산 혼합에 의해 색상을 구현하는 모니터는 최대 약 1천 6백만 컬러색상 수로 표현, 사람이 볼 수 있는 색상 모두를 표현하기에 충분한 색상 수이다. 각각의 색상 농도는 0에서 255까지이고, RGB값이 모두 255일 때 흰색으로 처리된다.

2 CMYK모드

Cyan, Magenta, Yellow 그리고 Black 네 가지 색상을 혼합하여 색상을 표현하고 Cyan, Magenta, Yellow을 혼합하면 순수한 검정이 되지 않으므로, 검정(K) 컬러 잉크를 별도로 추가하여 검정을 나타낸다. RGB 모드의 컬러 범위보다 좁기 때문에 RGB 데이터를 CMYK 데이터로 변화하면 컬러가 칙칙해진다.

그림 282 RGB모드

그림 283 CMYK모드

3 HSB 모드

우리 인간이 보통 색을 인지하는 방식을 기초로 한 모델로서, 색의 3가지 기본 특성인 색상(Hue), 채도(Saturation), 명도(Brightness 또는 Value)에 의해 색을 표현하는 방식

4 Lab 모드

L×a×b 컬러는 명도(Luminance 또는 Brightness) 요소와 2가지 색상 축을 기준으로 정의된다. 이 두 가지 색상 요소 중 a는 녹색(green)에서 빨강(red)에 이르는 범위를 나타내고, b는 파랑(blue)에

서 노랑(yellow)에 이르는 범위를 나타낸다.

그림 284 Lab모드

그림 285 Lab모드 확대

5 인덱스 색상(Indexes color) 모드

인덱스 컬러는 24비트 컬러 중에서 정해진 256컬러의 컬러 표를 사용하는 단일 채널 이미지이다.

그림 286 Index 모드

그림 287 Index모드 확대

6 그레이스케일 색상(Grayscale color) 모드

일반적인 컬러 색상을 픽셀 밝기 정보만 가지고 이미지를 구현한다. 따라서 특정 색상이나 채도를 띠지 않아 이미지가 흑백사진과 같다. Grayscale은 8bit 단위로 256 컬러수를 표현한다.

⑦ **듀오톤 색상(Duotone color) 모드**

그레이스케일 이미지가 256단계의 음영을 나타낼 수 있는 반면 출력물은 256단계보다 적은 단계의 톤만이 표현 가능하다. 그러나 Duotone은 이를 어느 정도 극복하는 장치를 가지고 있어 이름 그대로 출력할 수 없는 톤들을 중복(Duo-) 인쇄하도록 하는 등이 그것이다.

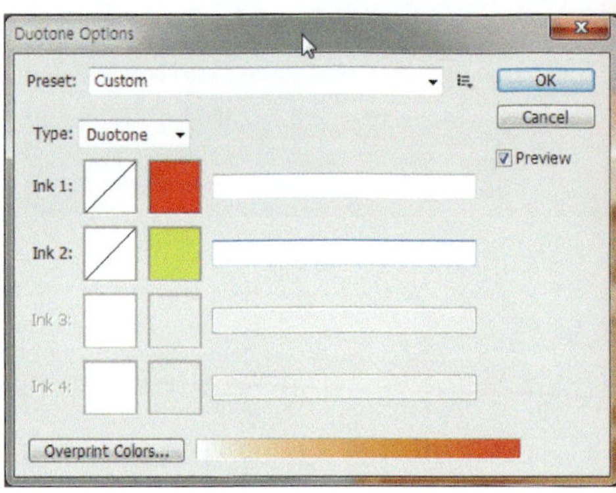

8 비트맵 색상(Bitmap color) 모드

이미지가 가질 수 있는 가장 간단한 형태의 색상체계로 검정색과 흰색으로만 이미지를 표현한다.

16. 색채 조화

1) 색채조화의 이해

색채는 조형예술을 이루는 형태, 색채, 재료 중 시각적으로 가장 강한 반응을 나타내는 요소로 질서를 부여해서 통일감을 주고 변화를 통해 목적에 적합한 미적 결과를 이끌어 내는 것이라고 할 수 있다. 색채조화론의 시초는 르네상스시대의 레오나르도 다빈치를 시초로 하고 있으며, 색채체계를 바탕으로 색채조화를 살펴보도록 하자.

1 슈브럴의 조화론

- 도미넌트 컬러 : 전체를 주도하는 주조색이 있으면 조화된다
- 세퍼레이션 컬러 : 선명한 색의 윤곽이 있으면 조화된다.
- 보색배색의 조화 : 대립되는 두 색상의 대비적 조화는 성격을 강하게 표현하면 조화된다.
- 명도에 따른 조화 : 하나의 색상을 명도 단계별로 동시에 배색
- 색상에 따른 조화 : 명도가 비슷한 인접색상을 동시에 배색
- 주조색에 따른 조화 : 일출이나 일몰처럼 여러 색 가운데 한 가지 색이 주조를 이룰 때
- 명도대비에 따른 조화 : 같은 색상에서 명도차이를 크게하여 배색
- 색상대비에 따른 조화 : 색상차이를 크게 하여 배색
- 보색대비에 따른 조화 : 색상의 거리가 먼 보색끼리 배색, 명도대비를 고려하면 더욱 효과적
- 인접보색대비에 따른 조화 : 보색인 색의 인접색을 배색

2 저드의 색채조화론

색채조화는 좋고 싫음의 문제이며 이러한 반응은 사람에 따라 다르다.

오랫동안 보아온 배색에 대해서 싫증이 나거나 기호가 변하기도 한다.

디자인의 해석에 따라 배색의 좋고 나쁨도 변한다.

색채조화의 구성을 간단한 법칙으로 규정하는 것은 한계가 있다.

질서의 원리, 친근성의 원리, 유사성의 원리, 명료성의 원리를 제시하였다.

③ 비렌의 색채조화론

비렌은 색삼각형을 이용한 색채조화를 설명하고 현재까지도 많이 활용되고 있다.

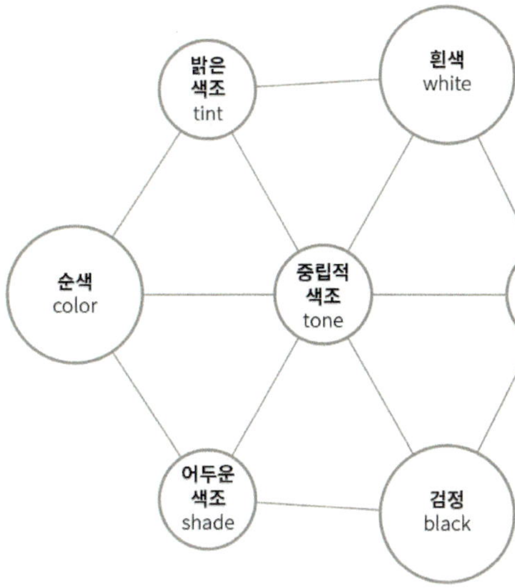

<그림 292 비렌의 색삼각형>

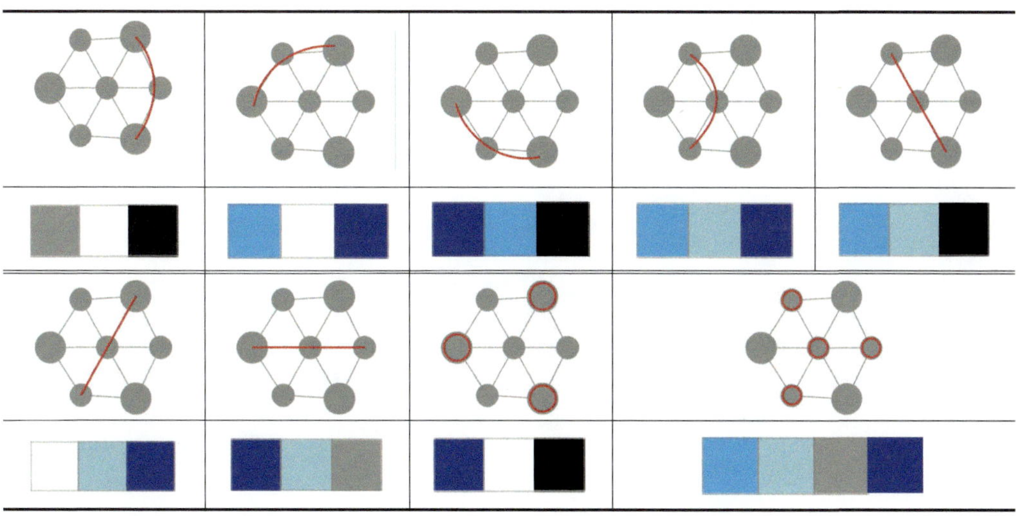

2) 주요 배색기법

색의 조화는 사회적, 문화적 요소 등 수많은 요소에 좌우되므로 색채조화에 어떤 유일한 규칙을 세운다는 것은 어려운 일이며 시대와 유행의 변화에 따라 유연하게 선택할 필요가 있다.

배색기법	내용
Dominant배색(색상, 톤)	지배적인 우세한 의미로 통일감을 부여
분리배색	분리색(검정, 흰색, 회색)을 추가하여 조화롭게 구성
액센트 배색	단조로운 배색에 활기를 주기위해 주목성이 높은색 배색
반복배색	배색을 반복해서 단조롭지 않은 율동감을 부여
연속배색	단색의 단조로움에 변화를 줌으로써 율동감을 줌
톤온톤	색상에 톤의 변화를 많이 준 배색
톤인톤배색	비슷한 톤을 유지하며 유사색상을 배색
토널배색	중간톤의 배색으로 안정된 느낌을 줌
카마이외배색	동일한 색상으로 톤의 차이가 거의 없게 하는 배색
포카마이외배색	카마이외 배색에서 색상의 차이를 아주 작게 준 배색

3) 감성배색

인간은 색채를 통해 특정 이미지를 연상할 수 있으며 오랜 경험과 약속을 통해 색채를 상징적으로 사용하기도 한다. 색채에서 느껴지는 이미지를 형용사 이미지 공간에 표시함으로써 현재 느껴지는 이미지를 체계화하고 원하는 이미지를 표현할 수 있는 색채를 발견할 수 있다.

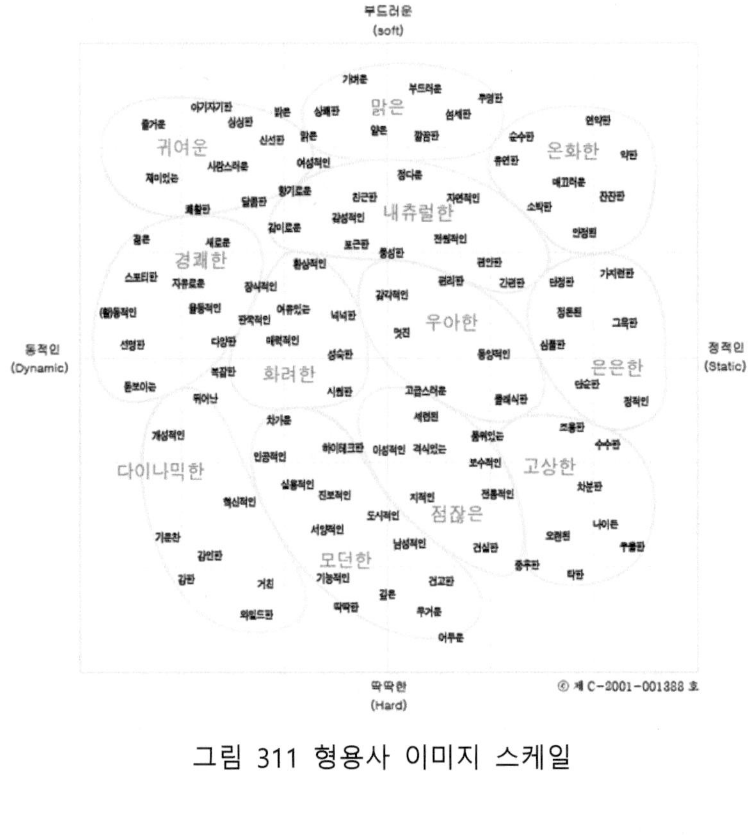

그림 311 형용사 이미지 스케일

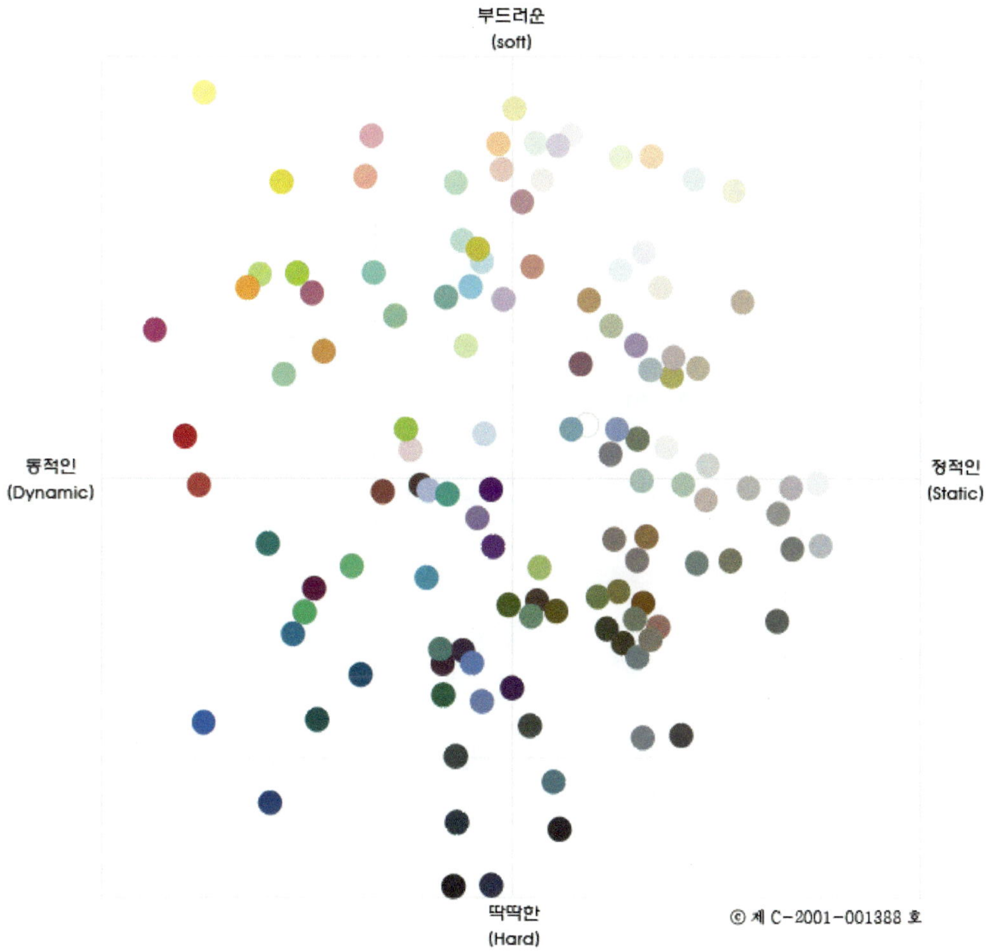

그림 312 단색 이미지 스케일

단색에서 느껴지는 이미지와 2개 이상의 색채가 배색되었을 때 우리는 단색에서만 느껴지던 이미지와는 다른 이미지를 연상할 수 있게되며 색의 연상과 상징에 따라 다양한 배색을 할 수 있다.

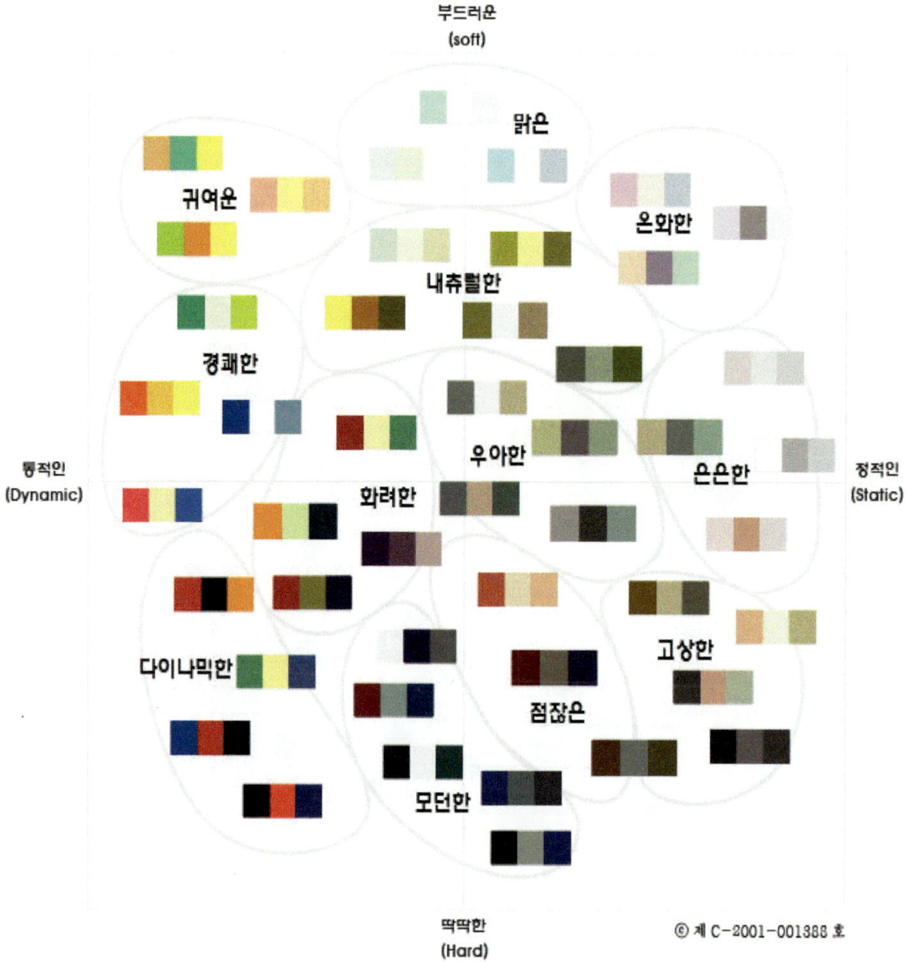

그림 313 배색 이미지 스케일

그림 314 컬러 이미지 매핑 예시

17. 컬러선택이 쉬워지는 색상팔레트

1) Adob Color(http://color.adobe.com)

Adobe Color를 이용하면 컬러를 쉽게 선택할 수 있다.

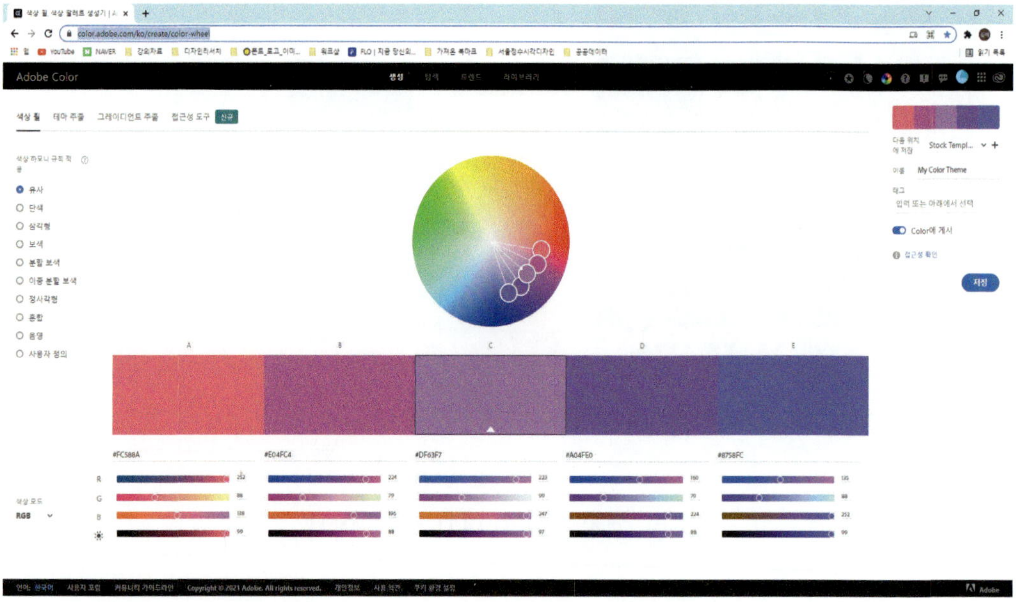

색상하모니 규칙	내용
유사	유사색상 조화로서 Tone in Tone배색을 만든다.
단색	Tone on Tone배색
삼각형	등간격 삼색
보색	보색배색
분할보색	복합배색
이중 분할 보색	순색에서 검정색으로 명도변화하는 배색
정사각형	자유롭게 색을 선택
혼합	
음영	단색과 유사한 톤온톤 배색

유사	단색	삼각형	보색

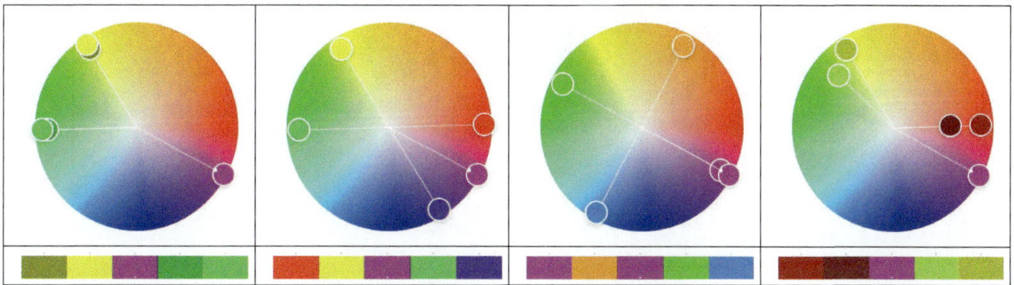

분할보색	이중분할 보색	정사각형	혼합

2) ColorSpace사용하기 (https://mycolor.space/)

Adobe Color를 이용하면 컬러를 쉽게 선택할 수 있다. 사용방법은 컬러를 하나 선택해서 만들어진 다양한 색채 조합 중에서 선택하면 된다.

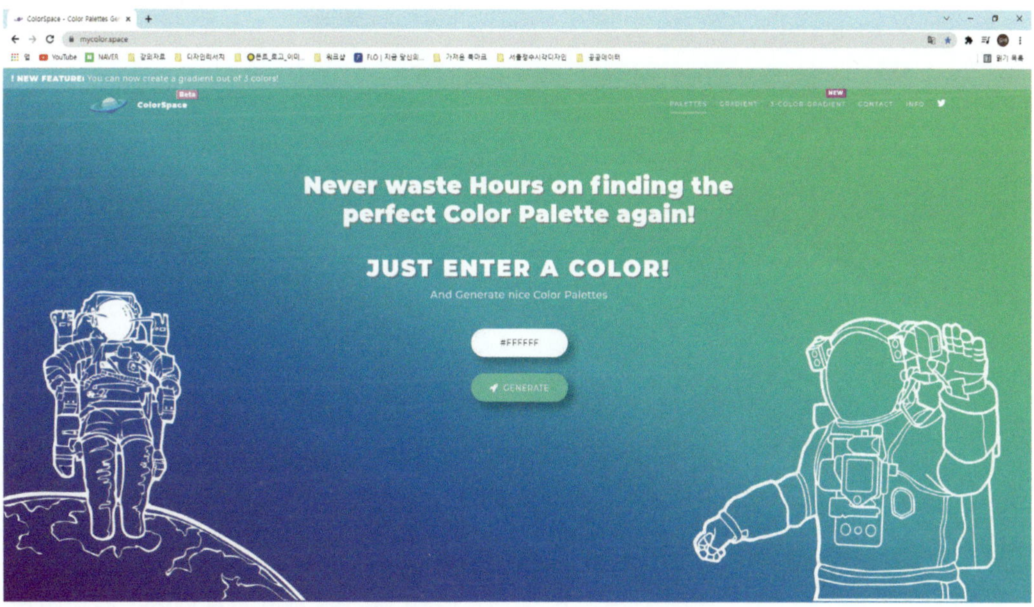

1 "컬러"를 선택하고 "GENERATE" 버튼 클릭

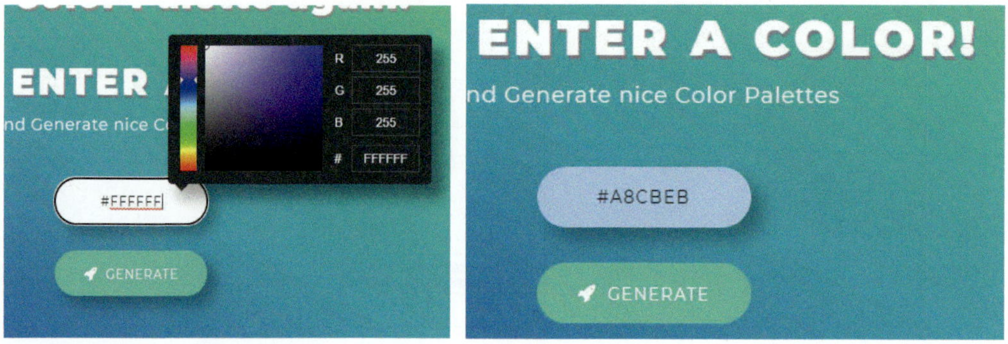

[2] 어울리는 색채 생성

다양하게 생성된 컬러팔레트 중에서 원하는 색상을 쉽게 찾을 수 있다.

3) CSSGradient (https://cssgradient.io/)

틴트와 셰이드를 보여주는 색조와 다양한 배경을 선택할 수 있는 그레디언트 그리고고 스와치로 구성되어 있어 편리하게 원하는 그레디언트를 선택할 수 있다.

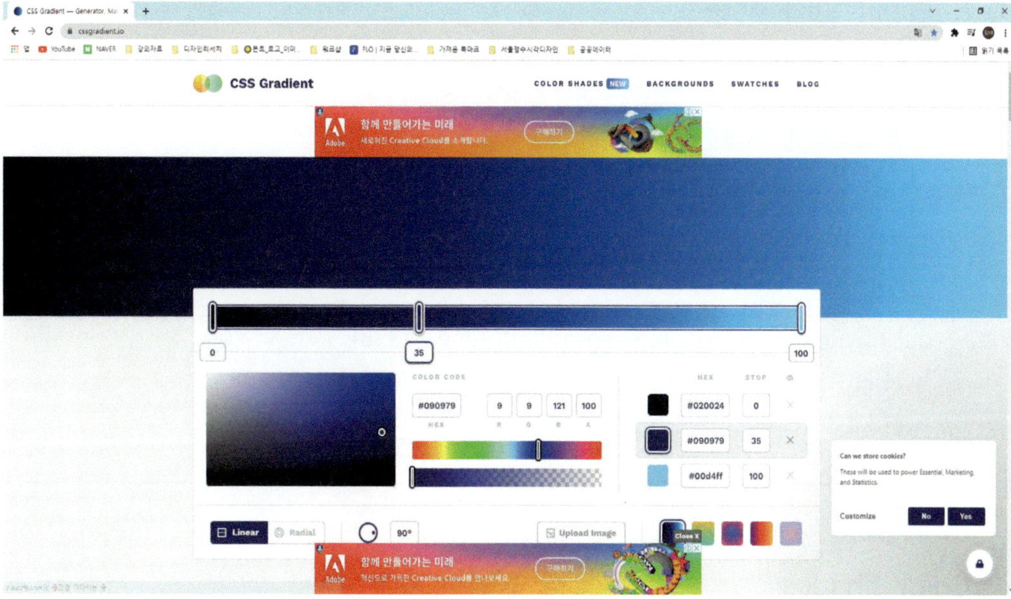

1 **사용**

컬러스탑을 이용해서 색상을 추가하거나 컬러스탑을 바깥쪽으로 드래그해서 삭제할 수 있으며 그레디언트 모양을 선형 또는 방사형으로 선택할 수 있고, 프리셋( )에서 미리 만들어진 색을 선택할 수 있다. 색상 선택이 끝나면 아래의 CSS코드를 복사해서 사용할 수 있다.

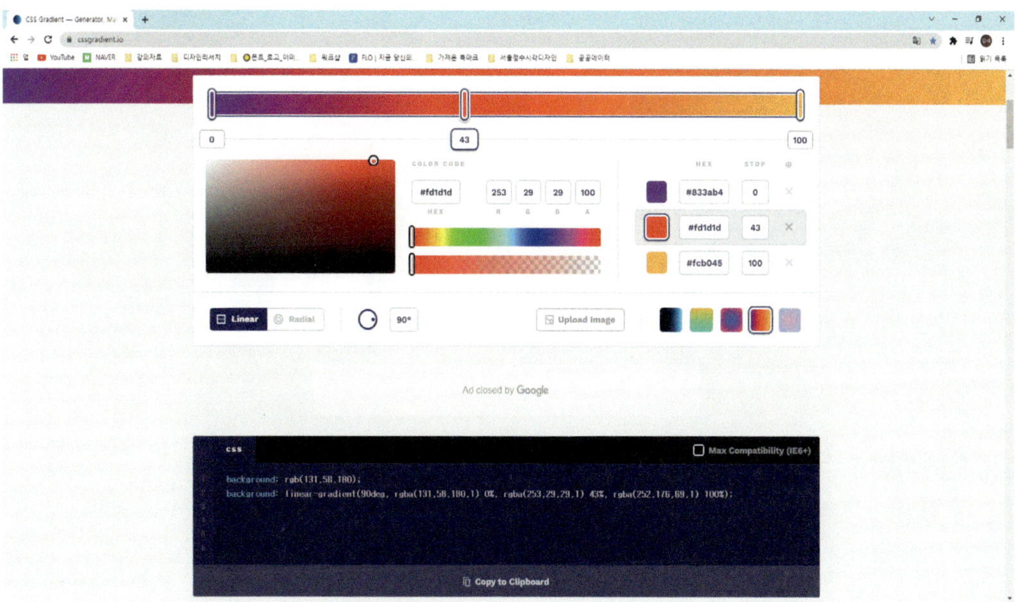

① gradient Text 적용

```
h1 {
    font-size: 72px;
    background: -webkit-linear-gradient(#eee, #333);
    -webkit-background-clip: text;
    -webkit-text-fill-color: transparent;
}
```

[1] Color Shades

컬러의 틴트와 쉐이드를 제공해서 톤온톤배색에 적당한 색상을 선택하기에 적합하다.

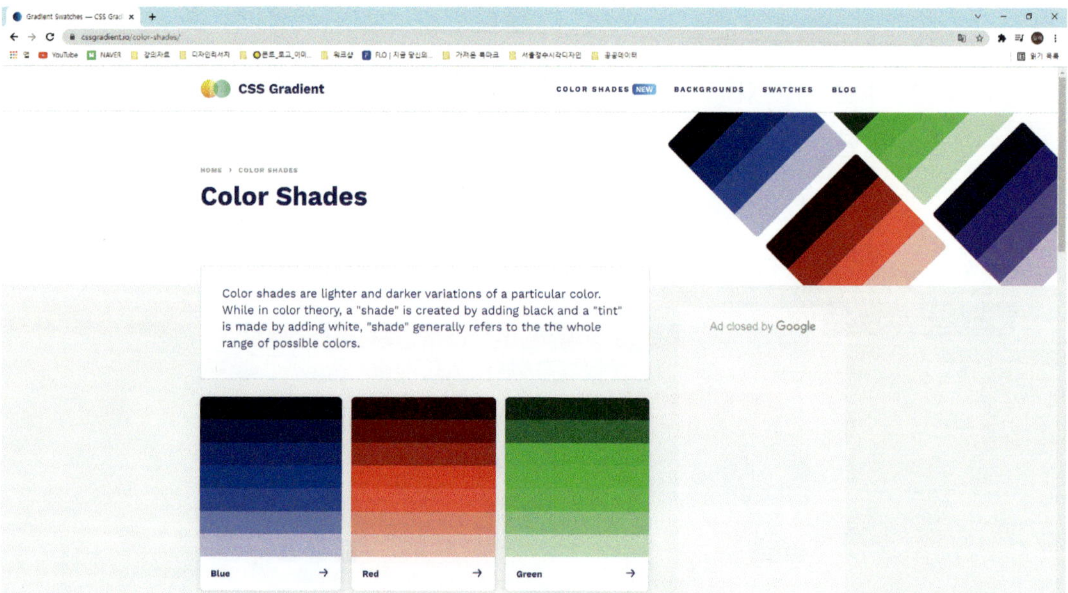

[2] Gradient 모음

다양한 그레디언트 솔루션을 한곳에서 확인하며 원하는 그레디언트를 쉽게 선택할 수 있다.

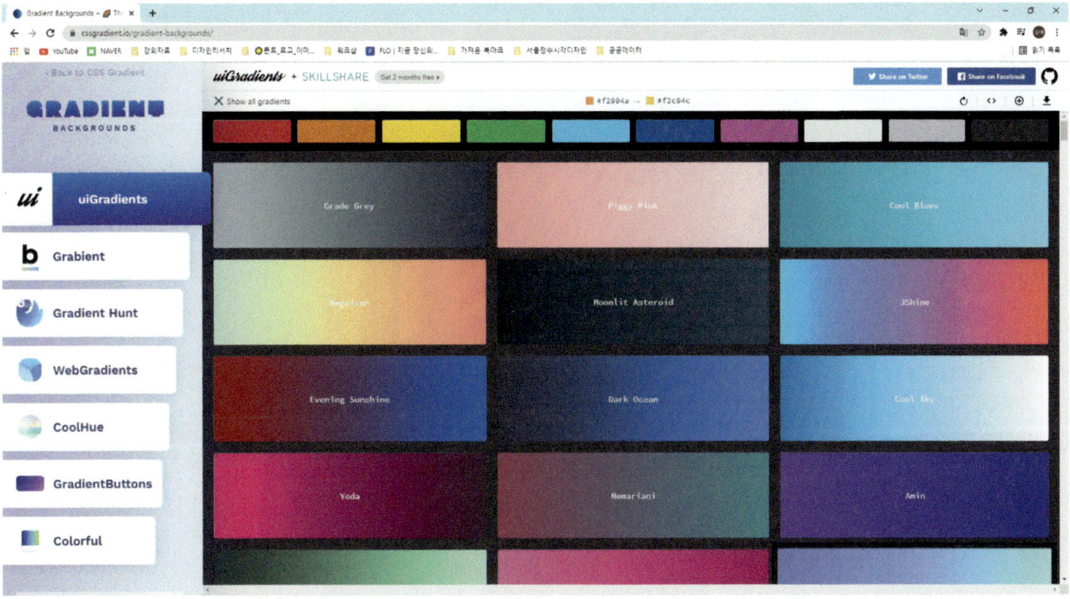
uiGradients
Grabient
Gradient Hunt
WebGradients
CoolHue
GradientButtons
Colorful
BACKGROUNDS
SKILLSHARE
Grade Grey
Cool Blues
Moonlit Asteroid
JShine
Evening Sunshine
Dark Ocean
Yoda
Amin

CHAPTER III

HTML 및 CSS필수

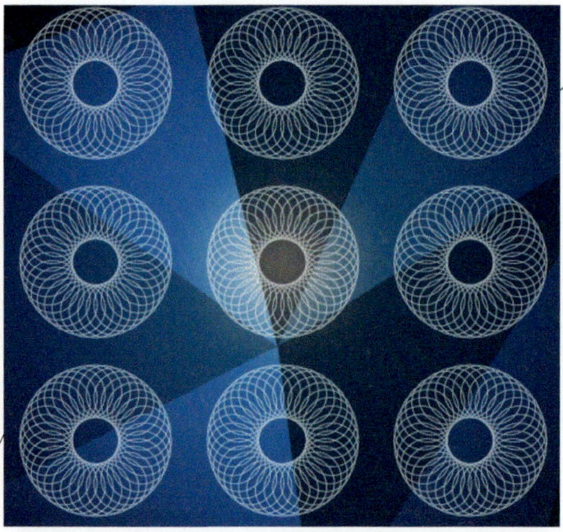

Ⅲ. HTML 및 CSS필수

1. 기본개념

WebAPI	HTML	CSS	JavaScript
HTML과 CSS 등 웹브라우저에서 제공하는 요소에 접근할 수 있는 인터페이스 제공	내용을 구성	HTML이 브라우저에 표시되는 형식(색상, 위치 등)	상호작용 구현
property method	Element와 attribute로구성	Selector{ property: value}	Statement Expression

1) 전역속성(Global attribute)

html의 구성요소들을 Element라고 하고 각 Element는 속성값을 갖는데 모든 Element가 공통적으로 갖는 attribute를 전역속성이라고 한다.

자주 사용되는 전역속성으로 class, id, data-*, style 등이 있다. class와 id를 이용해 CSS에서는 스타일을 지정하는 선택자로 사용되고, 자바스크립트에서는 프로그래밍을 위한 식별자로 사용된다.

2. CSS필수

1) 계단식 및 상속

1 우선순위

동일한 우선 순위 점수를 갖을 때는 CSS에서 마지막 정의한 속성이 적용된다. 단, !important는 가장 우선 적용된다.

우선순위 기준	설명	
Importance	!important	
우선순위 점수	1000점	인라인 스타일
	100점	ID 선택자
	10점	class선택자, 속성 선택자, pseudo-class
	1점	요소 선택자, pseudo-element
소스순서	동일한 점수일 경우 마지막 속성이 사용됨.	

② 상속

일부 CSS 속성은 현재 요소의 부모 요소에 설정된 값에 따라 일부는 자식 요소에 상속된다. color, font-family는 상속됨. 너비, 마진, 패딩 및 테두리와 같은 것은 상속되지 않는다. 각각의 상속여부는 MDN CSS 속성 참조 페이지에서 확인 가능하다. specifications 섹션의 맨 아래에 기술 정보 박스)

2) 사용자 지정 CSS 속성 사용하기 (변수)

반복되는 속성을 재사용하기 위해 변수로 정의 하고 정의된 변수를 속성값으로 사용 가능하며, 사용자 지정 속성은 전용 표기법을 사용해 정의하고 사용

형식	--color-lightgray: #333; color : var(--color-lightgray);
예	:root { --color-lightgray: #333; } h1 { color: var(--color-lightgray); }

색상과 폰트크기 등 전체 요소에 영향을 미치는 속성을 변수에 저장해서 사용하면 미디어쿼리에서 속성을 지정할 경우 유용하게 사용할 수 있다.

변수정의

```
:root {
  /* Font size */
  --font-large: 48px;
  --font-medium: 28px;
  --font-regular: 18px;
  --font-small: 16px;
  --font-micro: 14px;
}
```

```
@media screen and (max-width: 768px) {
  :root {
      /* Font size */
  --font-large: 30px;
  --font-medium: 18px;
  --font-regular: 16px;
  --font-small: 14px;
  --font-micro: 12px;
  }
```

변수 사용

```
h1 {
  font-size: var(--font-large);
  font-weight: var(--weight-bold);
  color: var(--color-black);
  margin: 16px 0px;
}
```

3) 선택자

선택자는 HTML기본태그에 해당하는 요소선택자, 아이디선택자, 클래스선택자, 속성선택자와 가상클래스 선택자, 가상요소 선택자가 있으며 이를 조합해서 사용한다.

1 기본 선택자

형식	선택자명	설명
:root	루트선택자	전역CSS변수 선언에 사용
*	전체선택자	모든요소를 선택
elementname	요소선택자	요소를 선택, 예) h1, div
.classname	클래스 선택자	클래스 속성의 값을 가진 요소를 선택
#idname	아이디 선택자	아이디 속성의 값을 가진 요소를 선택
[attr] [attr=value]	속성 선택자	속성명과 같은 요소 선택 속성의 값과 같은 요소 선택

2 선택자 목록 (Selector list)

형식	설명
selectorA, selectorB	쉼표(,)로 구분해서 선택자 이름의 다수의 요소 선택

3 조합 선택 (Combinators)

형식	선택자명	설명
A B	후손 선택자	A 하위의 모든 B 요소를 선택
A > B	자식 선택자	A의 바로 아래 자식인 B 요소를 선택
A ~ B	형제 선택자	A의 자식 요소인 B의 전체 형제 요소를 선택
A + B	인접 형제 선택자	A와 자식 요소인 B의와 바로 다음 형제 요소를 선택
A || B	컬럼 조합	테이블에서 수직방향 요소 선택

4 가상 클래스(Pseudo classes)

형식	설명
:hover	마우스가 위에 있을 때
:active	마우스로 클릭했을 때
:focus	커서가 위치하고 있을 때
:nth-child(n)	요소의 n번째 자식 요소 선택
:first-child	요소의 첫 번채 자식 요소 선택
:last-child	요소의 마지막 자식 요소 선택

5 가상 요소(Pseudo elements)

형식	설명
::before	첫 번째 자식 요소를 생성
::after	마지막 자식 요소를 생성

4) CSS를 이용한 정렬

CSS정렬은 인라인요소와 블록요소에 따라 다르게 동작하므로 요소에 맞게 사용해야한다. 인라인와 인라인블럭 요소의 경우 줄바꿈 없이 순서대로 입력되며 블록요소는 한 줄에 하나씩 입력된다. 플렉스를 이용하면 플렉스를 지정한 요소의 자식요소들은 플렉스 컨테이너의 아이템으로서 정렬된다.

구분	수평정렬		수직정렬	
	container	item	container	item
inline inline-block	tex-align: center;	-	-	padding height line-height
block	-	width 지정 margin: auto;	-	position: absolute; top: 50%;
flex box	display : flex; justify-content : center;		display: flex; align-items: center;	

```css
.box{
  width: 100px;
  height: 100px;
  background-color: lightgrey;
  margin: 10px;
}
.flex {
  display: flex;
}
```

```html
<div class="flex">
  <button>버튼1</button>
  <button>버튼2</button>
  <button>버튼3</button>
  <h1>텍스트1</h1>
  <h1>텍스트2</h1>
  <h1>텍스트3</h1>
</div>
<div class="flex">
  <div class="box"></div>
  <div class="box"></div>
  <div class="box"></div>
  <button>버튼4</button>
  <button>버튼5</button>
  <button>버튼6</button>
</div>
```

.flex {   };

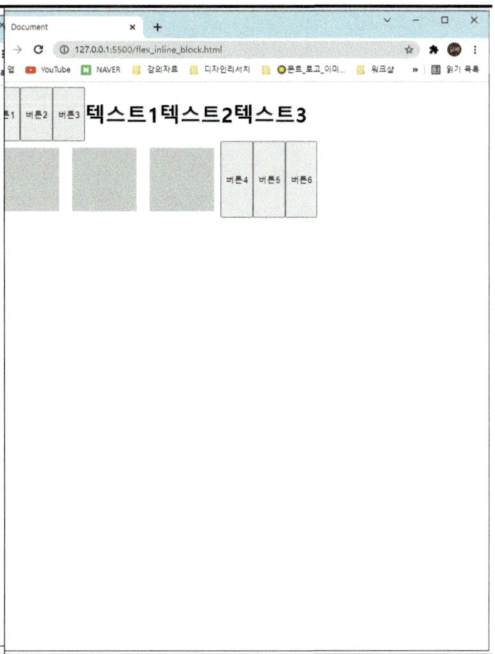

.flex {display: flex;}

6) position

HTML요소는 입력된 순서에 따라 위치를 갖게 되고 각각의 크기와 위치가 정해진다.

value	내용
static	현 위치 유지
relative	현 위치 기준 이동
absolute	상위 컨테이너 기준
fixed	웹 페이지
sticky	상위컨테이너와 스크롤

7) Media Quries

미디어쿼리는 사용하는 미디어의 크기에 따라 스타일을 지정함으로써 반응형 웹을 구현할 수 있는 핵심기술이다. 조건이 없을 경우에 해당하는 스타일을 지정하고 특정 크기 이하일 때 적용한 스타일을 미디어쿼리 내부에 지정을 해서 반응형 웹을 구현할 수 있다.

```
선택자 { 속성: 값 }
@media screen and (max-width: 700px) {
  선택자 { 속성: 값 }
  }
```

① 사용예

```
@media screen and (max-width: 700px) {
  .btns .container { background-color: #9accd9; border-radius: 0;
   padding: 24px; }
  .btns__toggle-btn { display: block; }
  .btns__menu { flex-direction: column; width: 100%; align-items: center;
    justify-content: center;    padding-top: 20px;    display: none; }
  .btns__menu.open {    display: block; }
  .btns__menu button {    display: block;    margin: 10px auto;    width: 80%;
  }
}
```

3. 그래픽처리를 위한 CSS

1) 색상값

웹에서 사용되는 색상은 RGB모델에 따라 색상이 지정되며 색상값을 지정하는 형식은 약속된 색상명을 사용하거나 RGB값을 16진수로 표현한 헥사코드를 사용하는 방법이 있고 RGB값을 십진수로 입력하고 알파값을 입력하는 방법, 색상(0~360), 채도(0~100), 명도(0~100)와 알파값(0~1)을 입력하는 방법 총 여섯가지가 있다.

① 색상값 입력

값 형식	예시
색상명	skyblue, lightyellow, ...
#헥사코드	#00ff00
rgb(red, green, blue)	rgb(255, 255, 255)
rgba(red, green, blue, alpha)	rgba(100, 100, 0, .5)
hsl(hue, saturation, lightness)	hsl(30, 100%, 50%)
hsla(hue, saturation, lightness, alpha)	hsla(30, 100%, 50%, .5)

② 입력값 범위

r	g	b	h	s	l	a
0~255			0~360	0~100	0~100	0~1

2) 그라데이션

그레디언트는 함수형의 데이터 타입으로

linear-gradient(), radial-gradient(),

repeating-linear-gradient(), repeating-radial-gradient(), connic-gradient()함수가 있다.

```
index.html
  <style>
    body { display: flex; }
    .box { width: 100px; height: 100px; margin: 10px; }
    .gradient1 { background: linear-gradient(to right, green, red);}
    .gradient2 { background: radial-gradient(yellow, red);}
    .gradient3 { background: repeating-linear-gradient(to top right,yellow,
     yellow 10px, green 10px, green 20px );}
    .gradient4 { background: repeating-radial-gradient(yellow, yellow 10px,
     green 10px, green 20px);}
    .gradient5 { background: conic-gradient(skyblue, yellow, skyblue);}
  </style>
</head>
<body>
  <div class="box gradient1"></div>
  <div class="box gradient2"></div>
  <div class="box gradient3"></div>
  <div class="box gradient4"></div>
  <div class="box gradient5"></div>
</body>
```

선형	방사형	선형반복	방사형반복	콘

3) 그림자

[1] box-shadow

2개에서 4개의 값과 color값을 입력하고 옵션으로 "inset"을 입력할 수 있다. "inset"을 입력하면 그림자가 요소의 안쪽에 만들어진다. 수치 값은 2개 값일 경우 이동 거리가 되고, 세 번째 값은 흐림효과 값이며 네 번째는 그림자를 확장하는 수치가 된다.

index.html

```
<style>
  .container { width: 680px; height: 200px; display: flex; background-color: tan;
    justify-content: center; align-items: center;  }
  .box { width: 100px; height: 100px; background-color: thistle; margin: 10px; }
  .shadow1 { box-shadow: 10px 10px skyblue;  }
  .shadow2 { box-shadow: 10px 10px 10px skyblue;  }
  .shadow3 { box-shadow: 10px 10px 10px 10px skyblue;  }
  .shadow4 { box-shadow: 10px 10px 10px 10px skyblue inset;  }
  .shadow5 { box-shadow: 10px 10px 10px yellow, -10px -10px 10px skyblue;
}
</style>
<body>
  <div class="box gradient1"></div>
  <div class="box gradient2"></div>
  <div class="box gradient3"></div>
  <div class="box gradient4"></div>
  <div class="box gradient5"></div>
</body>
```

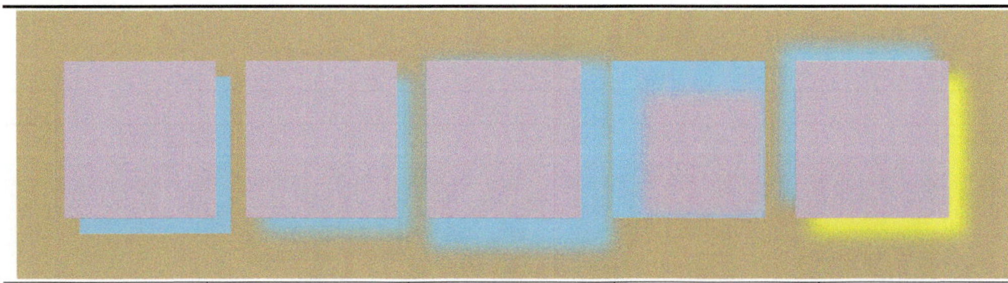

2개	3개	4개	inset	3개, -3개

4) 블랜드 모드

1 mix-blend-mode

자신의 배경 및 부모와 어떻게 혼합되어야 하는지 지정

형식	mix-blend-mode: normal;	
값	normal;	색상 그대로 유지
	multiply;	아래색상과 합쳐서 더 어둡게(레이어1×레이어2/255)
	screen;	아래색상과 합쳐서 더 밝게
	overlay;	multiply와 screen이 적용된다.
	darken;	기본 색상과 혼합 색상 중 더 어두운 색상
	lighten;	기본 색상이나 혼합 색상 중 더 밝은 색상
	color-dodge;	대비를 감소시켜 기본 색상을 밝게하여 혼합
	color-burn;	대비를 증가시켜서 기본 색상을 어둡게 하여 혼합
	hard-light;	혼합 색상에 따라 색상을 어둡게 하거나 밝게
	soft-light;	확산된 집중 조명을 비추는 것과 유사한 효과
	difference;	명도 값이 더 큰 색상에서 다른 색상을 뺌
	exclusion;	difference와 유사하지만 대비가 더 낮은 효과
	hue;	혼합 색상의 색조로 결과 색상을 만듦
	saturation;	색조 및 혼합 색상의 색조로 결과 색상을 만듦
	color;	혼합 색상의 색조와 채도록 결과 색상을 만듦
	luminosity;	혼합 색상의 광도로 결과 색상을 만듦

이미지위에 흑백의 방사형 그레디언트 이미지를 이용해 블랜드모드를 확인해 보면 아래와 같이 나타난다. 각각이 갖고 있는 색상에 따라 결과를 확연히 달라지게되는데 hue, saturation, color의 경우 위에 있는 레이어가 그레이스케일로 되어있어 어떠한 변화도 이루어지지 않고 있다. 블랜드 모드의 경우 동일한 이미지를 겹쳐서 블랜드모드를 이용하면 간단하게 사진의 색감을 보정할 수 있다.

아래에 놓인 이미지

위에 놓인 이미지

normal;

multiply;

screen;

overlay;

darken;

lighten;

color-dodge;

color-burn;

hard-light;

soft-light;

difference;

exclusion;

hue;

saturation;

color;

luminosity;

2 예시

HTML

```html
<div class="isolate">
  <div class="circle circle-1"></div>
  <div class="circle circle-2"></div>
  <div class="circle circle-3"></div>
</div>
```

CSS

```css
.circle { width: 80px; height: 80px;  border-radius: 50%;
  mix-blend-mode: screen; position: absolute; }
.circle-1 { background: red; }
.circle-2 { background: lightgreen;  left: 40px; }
.circle-3 { background: blue; left: 20px; top: 40px; }
.isolate { isolation: isolate; /* Without isolation, the background
color will be taken into account */  position: relative; }
```

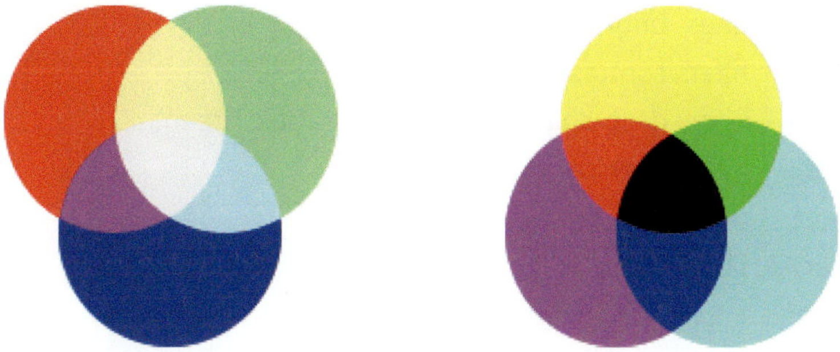

그림 365 적용결과

③ isolation

블랜드모드와 같이 요소의 쌓임이 필요할 때 사용

값	설명
auto	쌓임이 필요한 요소가 있을 경우 쌓임 맥락 생성
isolate	쌓임 맥락 생성

5) filter

흐림효과나 색상변경 등 그래픽 효과를 적용하고 이미지, 배경, 테두리 렌더링을 조정하는데 사용된다.

① 형식

구분	형식
함수형식	filter: <filter-function> [<filter-function>] | none
SVG참조	filter:마우스로 클릭했을 때

② 예시

```
.filter1 { filter: blur(10px); }
.filter2 { filter: brightness(0.4); }
.filter3 { filter: contrast(150%); }
.filter4 { filter: drop-shadow(10px 10px 20px green); }
.filter5 { filter: grayscale(150%); }
.filter6 { filter: hue-rotate(180deg); }
.filter7 { filter: invert(150%); }
.filter8 { filter: opacity(50%); }
.filter9 { filter: saturate(50%); }
.filter10 { filter: sepia(150%); }
```

blur(10px)	brightness(0.4)	contrast(150%)	drop-shadow (10px 10px 20px green)	grayscale (150%)

hue-rotate (180deg)	invert(150%)	opacity(50%)	saturate(50%)	sepia(150%)

CHAPTER Ⅳ

WebAPI와 JavaScript

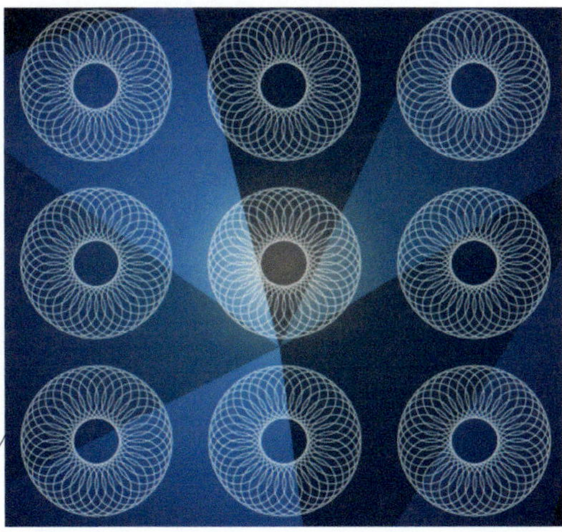

IV. WebAPI와 JavaScript

1. 기본 Web API 소개

웹 API는 자바스크립트에서 웹브라우저와 웹브라우저를 통해 보여지는 HTML과 CSS의 요소들을 제어할 수 있도록 인터페이스를 제공한다.
기본적인 사용은 요소(element)를 선택한 후 classList프라퍼티의 메서드(toggle(), add(), remove())를 이용해서 메소드를 이용해 요소(Element)에 클래스 값을 추가하거나 제거해서 CSS애니메이션을 적용할 수 있다.

1) DOM API Element 선택

[1] querySelector( )

css선택자(클래스 선택자, HTML요소선택자, ID선택자 등)를 이용해 HTML요소를 선택하고 원하는 함수를 적용할 수 있다. 보통은 상수형 변수에 선언하여 사용한다.

형식	document.querySelelctor('선택자');

예	const searchEl = document.querySelector('.search');
	const searchInputEl = searchEl.querySelector('input');
	
	searchEl.addEventListener('click', function () {
	  searchInputEl.focus();
	});
	
	searchInputEl.addEventListener('focus', function () {
	  searchEl.classList.add('focused');
	  searchInputEl.setAttribute('placeholder', '통합검색');
	});
	
	searchInputEl.addEventListener('blur', function () {
	  searchEl.classList.remove('focused');
	  searchInputEl.setAttribute('placeholder', '');
	});

② querySelectorAll( )

querySelectorAll의 다수의 요소를 선택해서 배열로 할당하고 반복문을 이용해 각 요소에 원하는 기능을 동작하게 할 수 있다.

<table>
<tr><th>형식</th><th>document.querySelelctorAll('선택자');</th></tr>
<tr><td>예</td><td><body>
  <div class="box"></div>
  <div class="box"></div>
  <div class="box"></div>
  <div class="box"></div>
  <div class="box"></div>
  <script>
    const boxes = document.querySelectorAll('.box');
    boxes.forEach((box) => {
      box.style.width = '100px'
      box.style.height = '100px'
      box.style.margin = '10px'
      box.style.backgroundColor = 'skyblue'
    });
  </script>
</body></td></tr>
</table>

2) classList 프라퍼티 이용

① Element.classList.toggle( )

클래스를 추가하고 지우기를 번갈아가면서 수행한다.

형식	document.querySelelctorAll('선택자');
예	document.body.classList.toggle('bgcolor--blue');

② Element.classList.add( )

HTML요소에 클래스를 추가하여 다양한 기능을 수행할 수 있다. 이벤트에 따라 속성을 추가하여 다양한 상호작용을 구현할 수 있다.

형식	document.querySelelctorAll('선택자');
예	document.body.classList.add('bgcolor--gray');

③ Element.classList.remove( )

HTML요소에 add()메소드를 이용해 추가한 클래스를 이벤트에 따라 삭제하여 상호작용할 수 있도록 한다.

형식	document.querySelelctorAll('선택자');
예	document.body.classList.remove('bgcolor--gray');

3) Element의 속성(attribute) 변경

① Element.setAttribute( )

HTML요소의 속성(attribute)과 속성값을 변경할 수 있다.

형식	Element.setAttribute(name, value);

예	<button>Hello World</button>
	<script>
	  const button = document.querySelector("button");
	  button.setAttribute("style", "color: skyblue");
	</script>

② HTMLElement.style

형식	style = element.style

예	<div>Hello World</div>
	<script>
	  const box = document.querySelector("div");
	
	  box.style.width = '100px';
	  box.style.height = '100px';
	
	</script>

4) 주요이벤트

웹사이트는 사용자의 컴퓨터에 로딩되면서 화면에 표시되고 사용자가 원하는 정보를 얻기 위해 입력장치를 조작(마우스 이동, 클릭, 키보드 조작 등)하는 일련의 과정 속에 이벤트를 발생시키고 있으며 이러한 이벤트 중에서 버튼을 클릭하는 특정 이벤트에 대해 원하는 동작을 부여할 수 있도록 연결하는 것을 이벤트핸들러(또는 이벤트리스너)라고 한다.

1 주요 Event

아래 주요 이벤트를 소개하고 Web API에서 제공되는 이벤트는 MDN사이트[1])확인할 수 있다.

이벤트 명	발생하는 시점
click	엘리먼트에서 눌렸다가 놓였을 때
dblclick	두 번 클릭했을 때
mouseenter	엘리먼트 위로 이동했을 때
mouseover	엘리먼트 또는 그 자식 엘리먼트 위로 이동했을 때
mousemove	마우스가 이동 중일 때
mousedown	마우스 버튼이 눌렸을 때
mouseup	마우스 버튼이 눌렸다가 놓여질 때

이벤트 명	발생하는 시점
keydown	키가 눌렸을 때
keypress	shift, fn, capsLock키를 제외한 키가 눌린 상태일 때
keyup	키 누름이 해제될 때

이벤트 명	발생하는 시점
DOMContentLoaded	초기 HTML 문서를 완전히 불러오고 분석했을 때 발생
load	리소스와 그 의존 리소스의 로딩이 끝났을 때
focus	엘리먼트가 포커스를 받았을 때
blur	엘리먼트가 포커스를 잃었을 때

5) 이벤트 처리

자바스크립트에는 이벤트가 발생했을 때 처리하는 이벤트핸들러는 세가지 방식이 있으며 현재는 addEventListener를 많이 사용하고 있다. 이전부터 사용되던 이벤트핸들러는 target.onclick 이고 하나의 객체에 하나의 이벤트핸들러만 사용할 수 있고 현재는 거의 사용을 하지 않고 있다. 마지막으로 HTML 요소 안에서 어트리뷰트 방식으로 사용하는 인라인 이벤트핸들러가 있는데 간단한 명령을 추가해서 사용했던 방식으로 한 동안 사용되지 않았던 방식이지만 최근 출시된 라이브러리에서 사용되고 있다.

이벤트 처리	발생하는 시점
addEventListener	EventTarget.addEventListener(이벤트, 콜백함수)
target.onclick	target.on + 이벤트 = 실행함수
attribute방식	< 태그 onclick="함수명(인수)"> 입력내용 </태그>

1) Web API에서 사용가능한 이벤트 : https://developer.mozilla.org/ko/docs/Web/Events

1 EventTarget.addEventListener

W3C에서 지정한 DOM에 이벤트 리스너를 등록하는 방법으로 이벤트에 대해 하나 이상의 핸들러를 추가할 수 있고, HTML요소 및 모든 DOM요소에서 동작하는 장점을 갖고 있다.

형식	EventTarget.addEventListener(이벤트, 콜백함수)

예	let btn = document.querySelector('.btn');
	
	btn.addEventListener('click', function() {
	  let name = prompt('이름을 입력하세요!');
	  alert('안녕하세요!' + name + '씨, 만나서 반갑습니다!');
	});
	
	document.querySelector('button').onclick = function () {
	  let name = prompt('이름을 입력하세요!');
	  alert('안녕하세요!' + name + '씨, 만나서 반갑습니다!');
	}

2 GlobalEventHandlers.onclick

HTMLElement, Document, Window 객체에 사용할 수 있고, 하나의 객체에는 하나의 onclick 이벤트핸들러를 할당할 수 있다.

형식	target.on + 이벤트 = 실행함수

예	<p>GlobalEventHandlers.onclick 방식</p>
	  <p id="mouse"></p>
	  <script>
	    let mouse = document.querySelector('#mouse');
	    document.onclick = inputChange;
	    function inputChange(e) {
	      mouse = `Position: (${e.clientX}, ${e.clientY})`;
	    }
	  </script>
	}

3 이벤트 핸들러 어트리뷰트 방식

2000년 전후로 많이 사용되던 방식으로 최근 리액트와 같은 라이브러리 등에서 사용되고 있다.

형식	< 태그 onclick=”함수명(인수)”> 입력내용 </태그>
예	<button onclick="bgChange()">Press me</button> <script> function bgChange() { document.body.style.backgroundColor = `rgb(${Math.ceil(Math.random()*255)},     ${Math.ceil(Math.random()*255)},     ${Math.ceil(Math.random()*255)})` } </script>

버튼을 클릭하면 배경색이 무작위로 변경되는 것을 확인할 수 있다.

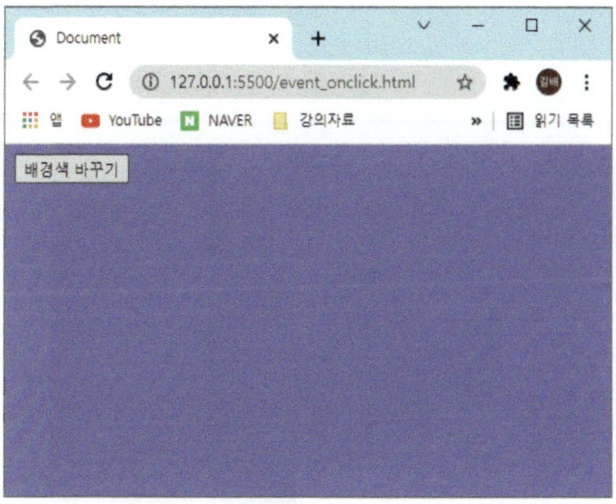

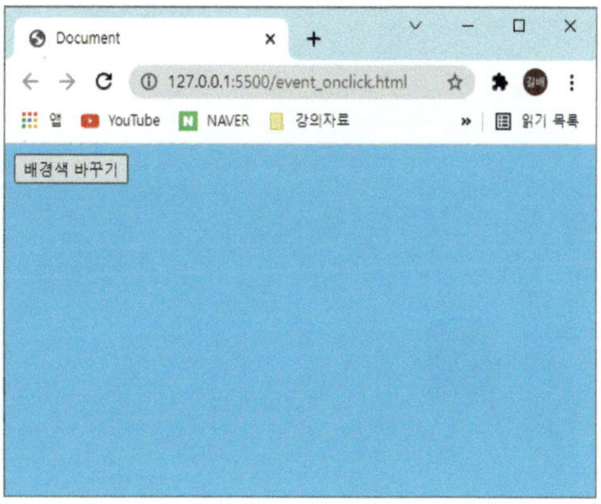

4 이벤트처리 예제

버튼을 클릭하면 클릭한 위치에 가로 100px, 세로 100px크기의 사각형이 생성된다. 사각형의 배경색은 “Math.random()” 메서드를 이용해 무작위로 변경되도록 했다.

```
index.html
<script>
  document.addEventListener('click', function (event) {
    const box = document.createElement('div');
    box.style.position = 'absolute';
    box.style.width = '100px';
    box.style.height = '100px';
    box.style.backgroundColor = `rgb(${Math.ceil(Math.random()*255)},
    ${Math.ceil(Math.random()*255)}, ${Math.ceil(Math.random()*255)})`;
    box.style.top = `${event.clientY-50}px`;
    box.style.left = `${event.clientX-50}px`;
    document.body.appendChild(box);
  });
</script>
```

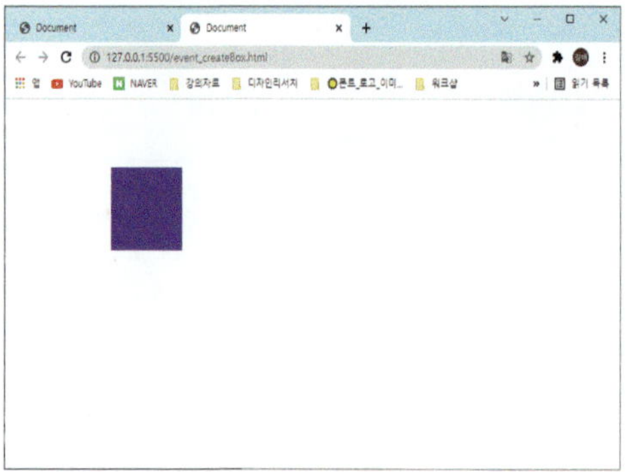

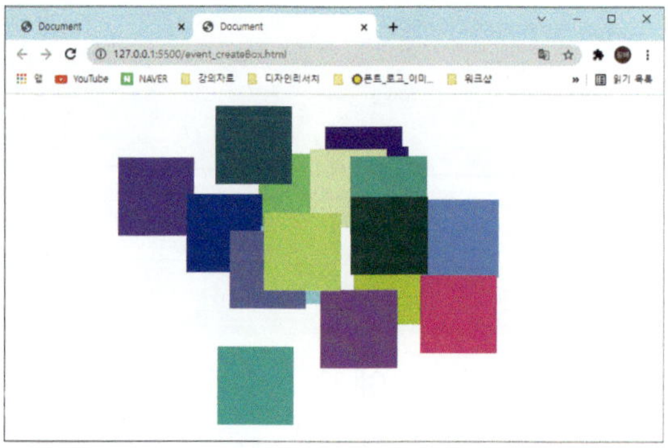

2. 자바스크립의 이해

1) JavaScript 소개

자바스크립트(JavaScript)는 HTML과 CSS로 만들어진 웹페이지에 사용자의 조작에 따라 상호작용할 수 있도록 하는 프로그램이다. 1995년 브렌던아이크(Brendan Eich)가 자바스크립트를 처음 만들었을 때는 웹에서 마우스클릭에 따라 간단한 상호작용이나 폼에 입력한 데이터를 서버에 전달하는 등 비교적 단순한 처리만을 필요로 했기 때문에 기존의 사용되던 프로그램언어와는 다르게 간편하게 사용할 수 있도록 설계되었다. 웹을 이용한 서비스가 증가함에 따라 웹 관련기술이 급속도로 발전하였고 그에 따라 웹에서는 서버에서 전송된 데이터만을 처리하는 단계를 넘어 기존에 프로그래밍 언어가 할 수 있는 거의 모든 기능을 자바스크립트로 구현할 수 있게 되었다. 뿐만 아니라 2009년 V8(자바스크립트엔진)으로 제작된 자바스크립트 런타임 플랫폼인 Node.js가 개발되면서 클라이언트 뿐만 아니라 웹서버에서 동작할 수 있게 되면서 눈부신 발전을 거듭하고 있다. 공식명칭은 ECMA Script라고 하며 다양한 브라우저를 지원하고 복잡한 코드를 간편하게 해주는 JQuery와 플러그인이 많이 사용되었지만 2015년 ECMA Script 6가 출시되며 순수하게 JavaScript만으로 다양한 기능을 구현할 수 있게 되었고, 순수한 JavaScript를 다른 말로 Vanilla JavaScript라고하며 가장 빠른 속도를 갖고 있고 점점 사용이 증가하고 있다.

2) 자바스크립트로 문자표시하기

명령	예시
document.write()	<script> document.write("<h1>Main title</h1>") </script>
window.alert([message]);	<script> alert("안녕하세요!") </script>

window.prompt(message, default)	<script>
	  const name = prompt("이름을 입력하세요");
	  alert(name + "님 환영합니다.");
	</script>

1 Node.textContent

index.html

```
<!DOCTYPE html>
<html lang="ko">
<head>
  <meta charset="UTF-8">
  <title>Document</title>
</head>
<body>
  <h1></h1>
  <script src="main.js"></script>
</body>
</html>
```

main.js

```
const myHeading = document.querySelector('h1');
myHeading.textContent = 'Hello World!';
```

웹브라우저 실행 결과

Hello World!

2 JavaScript 인터랙션 기본

자바스크립에서는 DOM(Document Object Model)에서 제공하는 Web API를 통해 HTML객체에 접근해서 CSS 스타일을 추가하거나 제거함으로써 사용자의 상호작용에 따라 인터랙션을 추가할 수 있음.

3. 변수

변수는 데이터 값을 할당하는 식별자로서 var, const, let이 사용된다. 데이터 값에는 문자, 숫자, boolean, array, function, object, symbol, null, undefined 가 있다. 값을 매번 입력해서 사용하는 것보다는 변수를 사용함으로써 반복 입력을 최소화하여 프로그래밍의 효율성을 높일 수 있다.

자바스크립트에서는 변수를 선언하지 않고 사용해도 실행이 되는 유연성을 갖고 있어 사용이 편리한 부분도 있지만 이러한 특성으로 인해 복잡한 기능을 구현할 때는 예기치 않은 문제들이 발생될 수 있다. 자바스크립트는 변수에 대한 문제를 개선하기 위해 ES6에서 변수를 선언하는 명령으로 const(상수형 변수), let(변수형 변수)가 도입되었으며, 가능하면 var 키워드는 사용하지 않는게 좋다.

1) var와 let의 차이점

var는 변수선언을 한 이후에 또 다시 변수 선언을 해도 오류가 발생하지 않지만 let은 한번 선언하면 다시 선언할 수 없으므로 중복해서 변수를 선언하는 문제가 없다.

2) const

const는 상수형 변수 선언에 사용되며, 할당된 값을 변경하지 않는다면 const로 변수 선언하는 것이 권장한다. 실수로 재할당 하는 일을 막을 수 있다.

3) 동적타이핑

자바스크립트는 변수에 할당되는 값의 데이터 형식을 지정할 필요가 없다. 할당되는 값에 따라 동적으로 데이터 형식이 정해진다.

4. 숫자와 연산자

1) 숫자의 종류

프로그래밍에서 사용하는 숫자는 10진수 외에 2진수, 8진수, 16진수 등 다양하게 사용되고 있으며 자바스크립트에서는 숫자의 종류별로 다른 변수를 사용하고 있지는 않다. C와 같은 언어는 숫자형 변수도 용도에 따라 다르게 정의하여 메모리가 낭비되지 않도록 하고 있다. 자바스크립트와 같은 사용자 편의성을 높이게 되면 컴퓨터가 처리하는 데는 자원을 더 많이 사용하게 되는 반비례 관계라고 할 수 있다.

숫자의 종류	내용
정수(Integers)	1, 10, -5와 같이 소수점이 없는 숫자
실수(Floats)	소수점과 소수 자릿수로 된 수
실수(Doubles)	Floats 보다 더 많은 소수 자릿수를 표현
2진수	10진수를 0과 1를 이용해 나타내는 데이터 타입
8진수	10진수를 0부터 7까지의 수를 이용해 나타내는 데이터 타입
16진수	0진수를 0부터 15까지의 수를 이용해 나타내는 데이터 타입

2) 산술연산자

연산자	설명	예시	비고
+	더하기	x = 3; x = x + 2;	x = 5
-	빼기	x = 3; x = x - 2;	x = 1
*	곱하기	x = 3; x = x * 2;	x = 6
/	나누기	x = 3; x = x / 2;	x = 1.5
%	나눈 후 나머지 값	x = 3; x = x % 2;	x = 1;

3) 증감연산자

반복문에서 주로 사용되며 실행 전/후를 구분하여 적절한 증감연산자를 선택해서 사용한다.

연산자	설명	예시	비고
++변수	실행 전 더함	x = 3;	
변수++	실행 후 더함	console.log(++x);	4
--변수	실행 전 뺌	console.log(x++);	4
--변수	실행 후 뺌	console.log(x);	5

4) 복합대입연산자

변수에 저장된 값에 다른 값을 연산해서 재할당해야 할 경우 사용

연산자	설명	예시	비고
+=	변수 값에 더한 값을 할당	x = 3; x += 2;	5
-=	변수 값에 뺀 값을 할당	x = 3; x -= 2;	1
*=	변수 값에 곱한 값을 할당	x = 3; x *= 2;	6
/=	변수 값에 나눈 값을 할당	x = 3; x /= 2;	1.5
%=	변수 값에 나눈 후 나머지 값을 할당	x = 3; x %= 2;	1

5) 비교연산자

참/거짓 테스트를 실행하고, 테스트 결과에 따라 다른 동작을 수행할 때 사용

연산자	이름	예시	비고

===	완전히 같다	console.log(null === undefined);
		console.log(null == undefined);
		console.log(123 == '123');
		console.log(123 === '123');
			false
			true
			true
			false

==	같다		

!==	완전히 다르다	console.log(null === undefined);
		console.log(null == undefined);
		console.log(123 == '123');
		console.log(123 === '123');
			true
			false
			false
			true

!=	다르다		
<	보다 작다	console.log(3 < 4); console.log(3 < 3);	true false
>	보다 크다	console.log(5 > 4); console.log(4 > 4);	true false
<=	작거나 같다	console.log(3 <= 4); console.log(3 <= 3);	true true
>=	크거나 같다	console.log(5 >= 4); console.log(4 >= 4);	true true

5. 문자열

1) 작은따옴표(' ') 와 큰따옴표(" ")

자바스크립트에서는 작은따옴표와 큰따옴표 모두 사용할 수 있다. 같이 사용할 때는 짝을 맞춰서 사용해야 한다. 보통은 작은따옴표를 사용하는 것을 권장한다.

2) 문자열 이스케이프 문자

문자가 아닌 코드로 인식되는 요소를 문자로 인식되도록 하기 위해 역슬래시(\)를 문자 바로 앞에 작성한다. (예, \ ' : 싱글쿼테이션, \ " : 더블쿼테이션 등)

3) 문자열 연결

더하기 (+) 연산자를 사용하며, 문자열과 문자열을 연결하고 문자열과 숫자를 더하면 문자열로 자동으로 변환한다.

형식	'문자열' +'문자열', 변수 + '문자열'

예	//HTML
	<div class="btn"> div 버튼 클릭 </div>
	<button> 버튼 클릭 </button>
	
	// JavaScript
	let btn = document.querySelector('.btn');
	
	btn.addEventListener('click', function() {
	  let name = prompt('이름을 입력하세요!');
	  alert('안녕하세요!' + name + '씨, 만나서 반갑습니다!');
	});
	
	document.querySelector('button').onclick = function () {
	  let name = prompt('이름을 입력하세요!');
	  alert('안녕하세요!' + name + '씨, 만나서 반갑습니다!');
	}

4) 숫자 와 문자열 변환

숫자와 문자열을 더하면 문자열로 변환되며 필요에 따라 서로 변환해서 사용해야 한다.

예시	결과(console)
let a = '2';	
let b = a + 4;	
console.log(typeof a);	String
console.log(typeof b);	String
let c = Number(a);	
console.log(typeof c);	Number
let d = new Number(b);	
console.log(typeof d);	Object
console.log(c);	2

1 Number

생성자 키워드(new)를 사용하지 않으면 문자를 숫자로 변경할 수 있다.

형식	Number(value);
예	const a = Number('234'); console.log(typeof a); //Number

2 String

toString()과 같이 숫자를 문자열로 변환

형식	String(value);
예	const a = String(234); console.log(typeof a); //String

3 toString()

숫자를 문자열로 변경할 때 많이 사용되고 있음

형식	toString(value)
예	const a = toString(345); console.log(typeof a); //String

6. 배열

배열은 인덱스와 값으로 구성되는 데이터로 반복되는 구조를 처리할 때 유용하게 사용된다.

1) 배열 정의

형식	[value1, value2, ...]

예	let items = ['요소1', '요소2', 요소3']
	console.log(items.length) // 2
	console.log(items[0]) // 요소1

2) 자주사용하는 연산

1 인덱스로 배열의 항목에 접근

const firstItem = items[0]	요소1
const lastItem = items[items.length - 1]	요소3

2 배열의 항목들을 순환하며 처리

items.forEach(function (item, index, array) { console.log(item, index, array) })	요소1 0 ['요소1', '요소2', 요소3'] 요소2 1 ['요소1', '요소2', 요소3'] 요소3 2 ['요소1', '요소2', 요소3']

3 배열 끝에 항목 추가 및 제거하기

items.push('요소4')	['요소1', '요소2’, 요소3', ’요소4']
items.pop()	['요소1', '요소2’, 요소3']

4 배열 앞에 항목 추가 및 제거하기

items.shift()	['요소2’, 요소3']
items.unshift('요소1')	['요소1', '요소2’, 요소3']

5 배열 안 항목의 인덱스 찾기

const item2 = items.indexOf(’요소2’)	['요소1', '요소2’, 요소3']
console.log(item2);	1

6 인덱스 위치에 있는 항목 제거하기

items.splice(items2, 1)	['요소1', ’요소3']

7 인덱스 위치에서부터 여러개의 항목 제거하기

const items = ['요소1', '요소2', '요소3', '요소4'];
console.log(items)
const removedItems = items.splice(2, 1);
console.log(items);
console.log(removedItems);
	['요소1', '요소2', '요소3',
	'요소4']
	
	['요소1', '요소2', '요소4']
	['요소3']

8 배열 복사하기

const itemsCopy = items.slice()
console.log(items);
console.log(itemsCopy);
	
	['요소1', '요소2', '요소3', '요소4']
	['요소1', '요소2', '요소3', '요소4']

7. 함수

함수는 함수에 정의한 명령문에 따라 처리한 값을 반환해 주는 데이터타입으로 명령어의 집합체라고 할 수 있으며, 함수를 사용하는 가장 큰 이유는 동일한 작업을 반복해야 하는 경우 함수를 정의한 후 호출해서 재사용함으로써 프로그래밍을 효율적으로 만들 수 있다.

1) 함수정의

자바스크립트에서 함수를 사용할 때 문(statement)과 표현식(expression)의 개념에 대한 이해가 필요하다. 함수선언문은 함수표현식과 같은 형태를 갖고 있지만 사용되는 문맥에 따라 함수선언문, 함수표현식으로 해석된다고 할 수 있다. 함수선언문은 함수를 선언한 후 호출을 통해 결과 값을 반환하고, 표현식은 정의함과 동시에 값으로 평가되는 것이다. 함수표현식은 값으로 평가될 수 있는 위치에 사용되며, 함수선언문과 달리 함수 호이스팅이 발생되지 않기 때문에 호이스팅으로 인한 혼란을 줄여주는 장점이 있다. 함수와 관련된 설명 자료 중 매개변수와 인수에 대해 혼용해서 사용되는 경우가 있는데 엄밀히 말하면 함수를 정의할 때 입력되는 변수를 매개변수(parameter)라고 하고 함수가 호출되어 실행되면서 전달되는 실제 입력 값을 인수(argument)라고 한다.

1 함수 선언

함수 선언문은 함수를 선언할 때 이름을 지정한 후 호출해서 사용한다. 함수 선언문은 함수표현식과는 달리, 함수 선언 전에 함수 호출을 해도함수가 정상적으로 실행되는 함수 호이스팅이 된다.

형식	function name (parameter1, parameter2, ...) {
	  명령문
	}

예	function calcRectArea(width, height) {
	  return width * height;
	}console.log(calcRectArea(5, 6));
	// expected output: 30

[2] 함수 표현식

함수표현식은 변수, 배열, 객체 등의 값이나 함수의 인수로 할당해서 사용하며 보통은 익명함수로 사용하나, 이름을 지정해서 정의할 수도 있다.

형식	값이 들어가는 부분에 표현식 정의
	const getArea = function (parameter1, parameter2, ...) {
	  명령문
	}

예	// 익명함수는 이벤트 핸들러와 주로 사용
	const getArea = function(width, height) {
	  return width * height;
	};
	console.log(Area(3, 4));
	// 결과 : 콘솔에 결과값 12 출력

[3] 화살표 함수 표현식

화살표 함수는 항상 익명으로 사용되며 간편하게 사용할 수 있다. 또한 화살표 함수는 자신의 this가 없기 때문에 화살표 함수를 둘러싸고 있는 바깥 범위에서 this를 찾는다.

형식	(parameter1, parameter2, ...) => {
	  명령문
	}
	parameter => 표현식 // 매개변수가 1개일 경우 괄호는 생략 가능
	( ) => 표현식 // 매개변수가 없을 때는 괄호 필요

예	function Person(){
	  this.age = 0;
	
	  setInterval(() => {
	    this.age++; // 여기에서 |this|는 Person 객체를 참조
	  }, 1000);
	}

8. 객체

자바스크립트에서는 배열과 같은 기능부터 브라우저 API등을 포함해 거의 모든 것이 객체로 이루어져 있다. 객체는 데이터와 함수의 묶음이라고 할 수 있고 이러한 데이터 묶음을 정의하고 필요한 기능을 호출해서 사용할 수 있도록 해준다. 객체는 프라퍼티 명(property name)과 값(value)으로 구성되며 값으로 함수가 할당되면 이것을 메소드(method)라고 한다. 다시 말하면 객체는 프라퍼티와 메소드의 집합체라고 할 수 있다.

1 자료의 형태 비교

자료의 형태	형 식	비 고
문자	"문자"	
숫자	3, 4, 5, ...	
불	true, false, 0, 1, ,,,, NaN, undefined	value
어레이	[value1, value2, value3,...]	value
함수	function (param1, param2, ...) { }	
객체	{ property1 : value1, property2: value2, ...}	value

2 변수와 매개변수, 식별자

식별자	형 식	비 고
변수	var, const, let	value
매개변수	parameter(입력된 값은 인수(argument)라고 한다)	value
함수명	소문자로 시작	
속성(property) 명	css와 객체의 속성명	
속성(attribute) 명	HTML 요소의 속성명	
클래스 명	대문자로 시작	

1) 객체의 예제

형식	객체이름 = { property: value, property: value, ... }

예	var person = {
	  name: ['홍길동', '홍이동'],
	  age: 30,
	  gender: 'male',
	  interests: ['음악', '게임'],
	  bio: function() {
	    alert(this.name[0] + ' ' + this.name[1] + ' is ' + this.age + ' years old. He likes ' + this.interests[0] + ' and ' + this.interests[1] + '.');
	  },
	  greeting: function() {
	    alert('Hi! I₩'m ' + this.name[0] + '.');
	  }
	};

객체는 중괄호 안에 속성(property)와 값(value)로 구성된다. 객체에 접근할 때는 점 또는 대괄호를 이용할 수 있다.

1 객체의 생성

객체를 생성하는 방법은 여러 가지가 있다. 앞에서 살펴본 객체리터럴방식과 Object 생성자 함수, 생성자함수 정의, Object.create메서드, 클래스를 이용해서 객체를 생성할 수 있다. 일반적으로 생성자함수를 정의해서 new키워드를 이용해 만들어진(복제된) 객체를 인스턴스라고 한다.

2 생성자함수를 이용한 객체 생성

객체를 만드는 이유는 반복되는 상태와 동작을 복제해서 사용함으로써 효율성을 높이는데 있다고 할 수 있다. 원본이 되는 생성자 함수를 정의하고 new 키워드를 이용해 객체를 생성하게 되면 독립된 객체가 만들어진다.

3 this 바인딩

this는 객체 자신의 프로퍼티나 메서드를 참조할 수 있도록 호출방식에 따라 동적으로 바인딩 된다.

호출 방식	this 바인딩
일반함수에서 호출	전역객체(window)
생성자함수에서 호출	생성자함수로 복제한 인스턴스
메서드 내부에서 호출	메서드를 호출한 객체(인스턴스)

2) 주요 표준내장객체

자바스크립트에 내장된 객체로 숫자 및 날짜를 처리하는 Number, Math, Date객체, 텍스트를 처리하는 String, RegExp등 여러 가지 객체가 있는데 그래픽처리에서는 Math() 객체가 많이 사용된다.

1 Math

메서드	내용
Math.abs(x)	숫자의 절대값 반환
Math.ceil(x)	인수보다 크거나 같은 가장 작은 정수 반환(올림)
Math.floor(x)	인수보다 작거나 같은 수 중에서 가장 큰 정수 반환(내림)
Math.round(x)	숫자에서 가장 가까운 정수를 반환(반올림)
Math.pow(x, y)	x의 y제곱을 반환
Math.random()	0과 1사이의 난수를 반환

9. 클래스

자바스크립트는 prototype기반 객체지향 프로그램이다. 자바스크립트에서 클래스는 타 프로그램에서 사용되고 있는 클래스 문법으로 객체를 생성하고 관리할 수 있도록 제공해주는 문법적 설탕이라고 할 수 있다.

클래스는 속성과 메소드를 묶어서 선언하고 객체를 복제해서 사용할 수 있으므로 반복되는 작업을 효율적으로 수행할 수 있다.

1) 클래스정의

클래스를 정의하는 방법은 함수와 마찬가지로 class선언문과 class 표현식 두가지가 있다.

1 Class선언

class선언은 호이스팅이 안되므로 사용전에 선언을 해야 한다.

<table>
<tr><td>형식</td><td><pre>class Rectangle {
  constructor(height, width) {
    this.height = height;
    this.width = width;
  }
}</pre></td></tr>
<tr><td>예</td><td><pre>class Rectangle {
  constructor(height, width) {
    this.height = height;
    this.width = width;
  }
}
new Rectangle();</pre></td></tr>
</table>

2 Class표현식

<table>
<tr><td>형식</td><td><pre>const Rectangle = class</pre></td></tr>
<tr><td>예</td><td><pre>let Rectangle = class {
  constructor(height, width) {
    this.height = height;
    this.width = width;
  }
};
console.log(Rectangle.name);
// 출력: "Rectangle"</pre></td></tr>
</table>

2) 클래스 본문과 메서드 정의

클래스 본문은 중괄gh{ }로 묶여있는 부분으로 strict mode에서 실행된다.

1 constructor(생성자)

class로 생성된 객체를 생성하고 초기화하기 위한 특수한 메서드로 클래스 안에 한 개만 존재할 수 있다.

constructor는 부모 클래스의 constructor를 호출하기 위해 super 키워드를 사용할 수 있다.

CHAPTER V

주요 라이브러리 소개

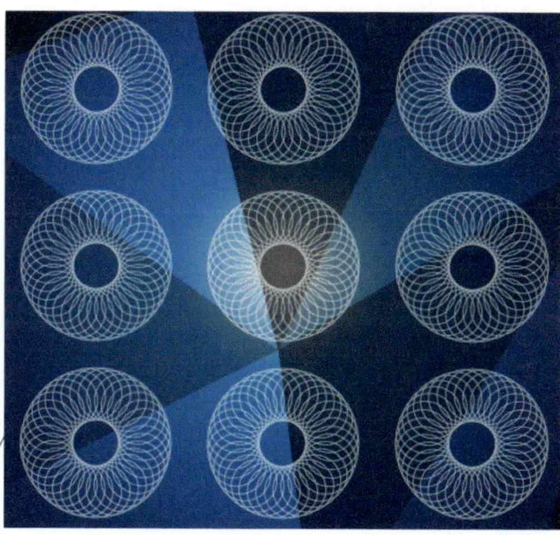

1. GSAP
2. Swiper

V. 주요 라이브러리 소개

1. GSAP

GASP은 애니메이션을 쉽게 적용할 수 있는 라이브러리로 J-Query 보다 20배 이상 빠른 성능을 갖고 있다고 소개하고 있다. gsap.to() 메소드를 이용해 자연스러운 움직임을 만들 수 있다.

1) 설치

[1] CDN이용

```
<script src="https://cdnjs.cloudflare.com/ajax/libs/gsap/3.8.0/gsap.min.js">
</script>
```

2) 실행

[1] gsap.to( )

사용하기 위해 두 개의 값을 설정해야 한다. 애니메이션을 적용할 타겟(targets)과 객체로 구성된 속성(property)과 값(value)을 지정해서 원하는 동작을 수행할 수 있다.

아이디 logo이름을 가진 요소(Element)를 x축으로 1초 동안 100px 이동

```
gsap.to("#logo", {duration: 1, x: 100});
```

[2] 애니메이션 적용

"h2" 요소에 1초 동안 투명도를 30%로 애니메이션 적용하고 ".box" 요소는 2초 동안 x축으로 300pixel 이동하고 ".green" 요소는 3초 동안 360도 회전하고 크기를 50%로 축소하는 애니메이션을 적용한다.

HTML	<h2 class="title">gsap.to() Basic Usage</h2> <div class="box orange"></div> <div class="box grey"></div> <div class="box green"></div>
CSS	body { margin: 10px; } .box { display: block; }

JS	gsap.to("h2.title", {duration: 1, opacity: 0.3});
	gsap.to(".box", {duration: 2, x: 300});
	gsap.to(".green", {duration: 3, rotation: 360, scale: 0.5});

3) gasp에서 사용되는 transform 속성과 값

GSAP	CSS
x: 100	transform: translateX(100px)
y: 100	transform: translateY(100px)
rotation: 360	transform: rotate(360deg)
rotationX: 360	transform: rotateX(360deg)
rotationY: 360	transform: rotateY(360deg)
skewX: 45	transform: skewX(45deg)
skewY: 45	transform: skewY(45deg)
scale: 2	transform: scale(2, 2)
scaleX: 2	transform: scaleX(2)
scaleY: 2	transform: scaleY(2)
xPercent: -50	transform: translateX(-50%)
yPercent: -50	transform: translateY(-50%)

4) 기타 속성

GSAP	내용
delay	애니메이션 시작 전 지연 시간 지정
repeat	반복횟수 지정, -1(무한반복)
repeatDelay	반복 전 지연 시간 지정
yoyo	true, 반복할 때 뒤로 되돌리기
onComplete	애니메이션이 끝났을 때 호출할 콜백함수 지정
onUpdate	애니메이션이 업데이트될 때마다 호출한 콜백함수 지정
ease	애니메이션 사이의 가속도 조정(power1, elastic, bounce,...)
stagger	타겟과 요소 애니메이션을 위한 시작 시간 지정

2. Swiper

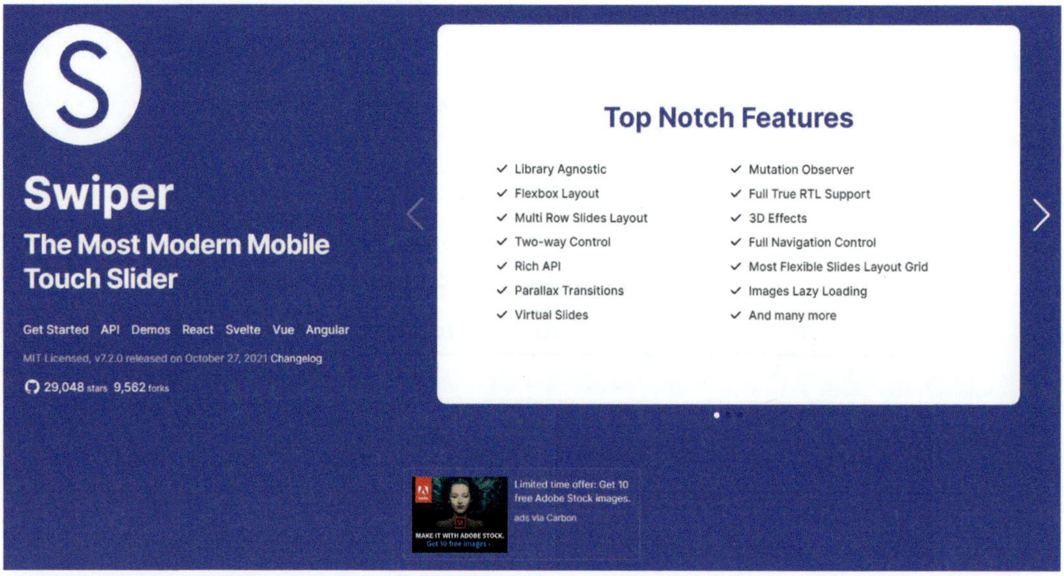

스와이퍼는 슬라이드를 만들어주는 라이브러리로 소스파일을 다운로드 하거나 CDN을 이용할 수 있다. 여기에선 CDN을 기준으로 설명한다.

1) 설치

※ 설치주소 : https://swiperjs.com/get-started

[1] CDN이용

```
<link
  rel="stylesheet"
  href="https://unpkg.com/swiper@7/swiper-bundle.min.css"
/>
```

[2] HTML

HTML	``` <!-- Slider main container --> <div class="swiper"> <!-- Additional required wrapper --> <div class="swiper-wrapper"> <!-- Slides --> <div class="swiper-slide">Slide 1</div> <div class="swiper-slide">Slide 2</div> <div class="swiper-slide">Slide 3</div> </div> <!-- If we need pagination --> <div class="swiper-pagination"></div> <!-- If we need navigation buttons --> <div class="swiper-button-prev"></div> <div class="swiper-button-next"></div> <!-- If we need scrollbar --> <div class="swiper-scrollbar"></div> </div> ```

3 CSS 설정

CSS	.swiper {
	  width: 600px;
	  height: 300px;
	}

4 JS

JS

```
const swiper = new Swiper('.swiper', {
  // 스와이퍼 방향 및 반복 여부
  direction: 'vertical',
  loop: true,
  // 페이지네이션 : bullets, fraction, progressbar, custom
  pagination: {
    el: '.swiper-pagination',
  },
  // Navigation arrows
  navigation: {
    nextEl: '.swiper-button-next',
    prevEl: '.swiper-button-prev',
  },
  // And if we need scrollbar
  scrollbar: {
    el: '.swiper-scrollbar',
  },
});
```

5 페이지네이션 종류

bullets	
fraction	1 / 9
progressbar	
custom	

2) Demos

스와이퍼 사이트에서 다양한 데모를 확인할 수 있으며 네비게이션, 페이지네이션, 3차원 형태의 페이지네이션 등 원하는 형태의 슬라이드를 만들 수 있다.

1 Swiper 데모 다운로드

깃허브에 접속해서 다운로드 받을 수 있다.

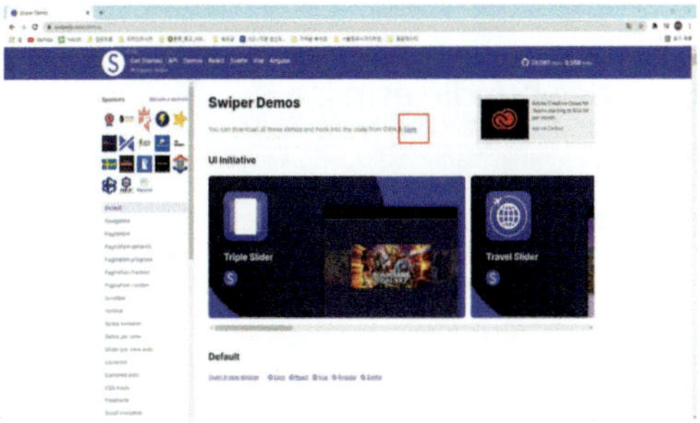

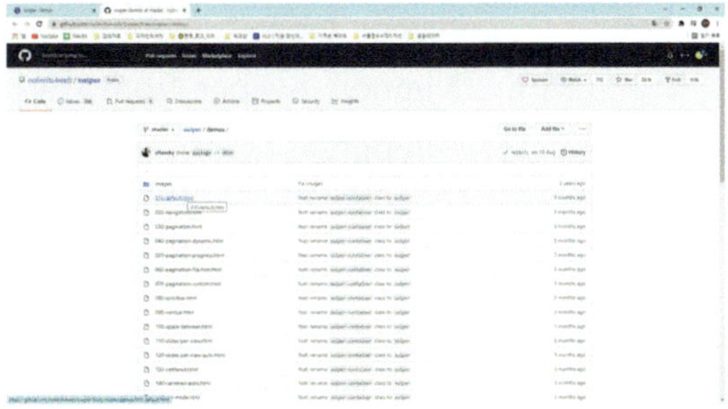

2 데모파일 확인

html

```html
<!-- Swiper -->
  <div class="swiper">
    <div class="swiper-wrapper">
      <div class="swiper-slide">Slide 1</div>
      <div class="swiper-slide">Slide 2</div>
      <div class="swiper-slide">Slide 3</div>
      <div class="swiper-slide">Slide 4</div>
      <div class="swiper-slide">Slide 5</div>
      <div class="swiper-slide">Slide 6</div>
      <div class="swiper-slide">Slide 7</div>
      <div class="swiper-slide">Slide 8</div>
      <div class="swiper-slide">Slide 9</div>
      <div class="swiper-slide">Slide 10</div>
    </div>
    <div class="swiper-button-next"></div>
    <div class="swiper-button-prev"></div>
    <div class="swiper-pagination"></div>
  </div>
```

js	<pre><script type="module">
	  import Swiper from 'swiper/swiper-bundle.esm.js';
	  import 'swiper/swiper-bundle.css';
	  var swiper = new Swiper('.swiper', {
	    navigation: {
	      nextEl: '.swiper-button-next',
	      prevEl: '.swiper-button-prev',
	    },
	    pagination: {
	      el: '.swiper-pagination',
	    },
	  });
	</script></pre>

css	<pre><!-- Demo styles -->
	<style>
	  html, body { position: relative; height: 100%; }
	  body { background: #eee;
	    font-family: Helvetica Neue, Helvetica, Arial, sans-serif;
	    font-size: 14px; color: #000; margin: 0; padding: 0; }
	  .swiper { width: 100%; height: 100%; }
	  .swiper-slide { text-align: center; font-size: 18px;
	    background: #fff;
	    /* Center slide text vertically */
	    display: flex;
	    justify-content: center;
	    align-items: center; }
	</style></pre>

3 데모파일 테스트

HTML	<link rel="stylesheet" href="https://unpkg.com/swiper@7/swiper-bundle.min.css"/> <script src= "https://unpkg.com/swiper@7/swiper-bundle.min.js"></script> ----------------------------생략-- <section> <div class="container"> 스와이퍼 추가 </div> </section>
CSS	.container { margin: auto, max-width: 1200px; height: 700px;

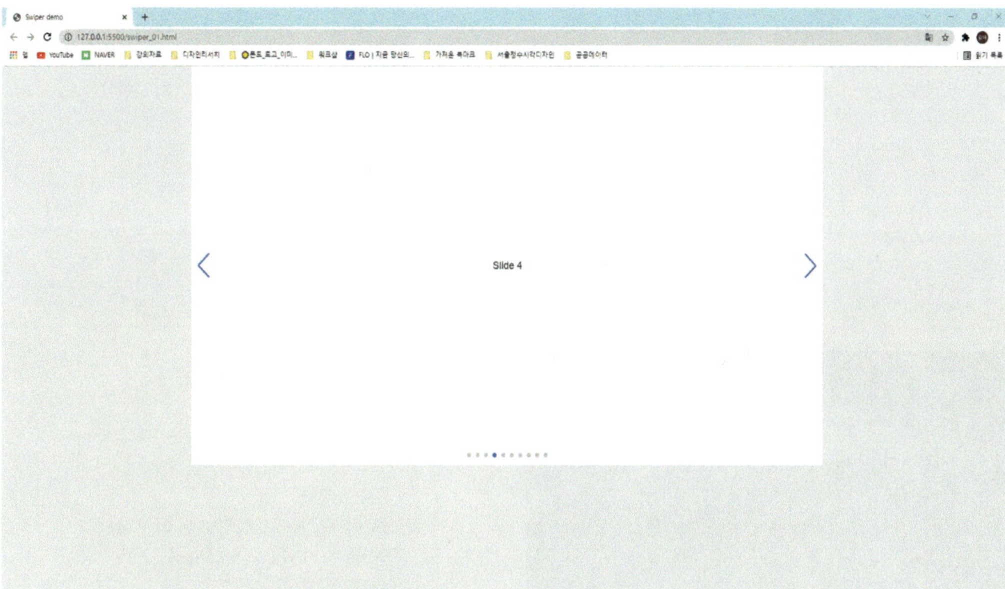

CHAPTER Ⅵ

인터랙션디자인 실습

1. 원페이지 반응형 레이아웃 구성
2. 마우스를 따라가는 타겟
3. 스모크문자
4. 3차원 공간에서 회전하는 이미지
5. 호버된 이미지가 확대되서 보여지는 효과
6. Swiper를 이용한 캐러셀

VI. 인터랙션디자인 실습

1. 원페이지 반응형 레이아웃 구성

원페이지 방식의 반응형 웹사이트를 제작할 수 있는 네비게이션 프레임을 제작한다.

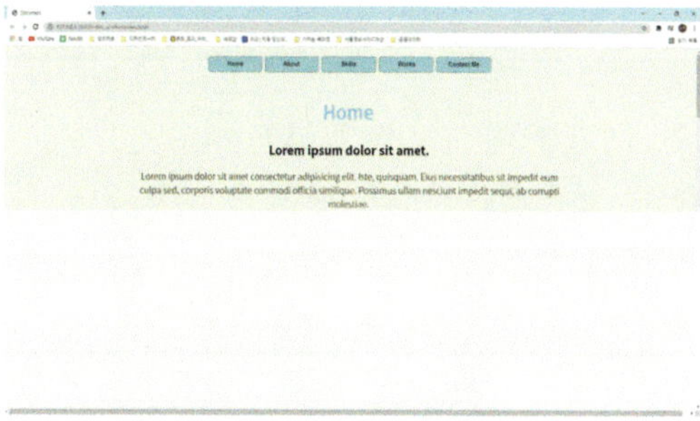

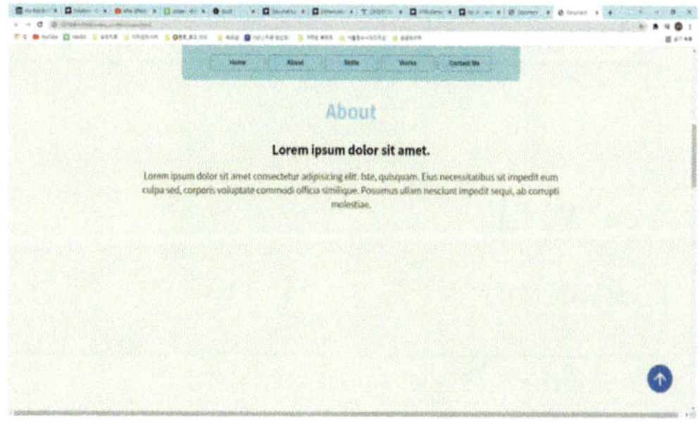

1) 배경색상바꾸기

버튼을 3개 만들고 버튼을 누르면 배경색상이 변경되도록 한다. 기본 배경은 lightyellow로 하고 토글 버튼을 누르면 lightgray로 변경되게 하고 리셋버튼을 누르면 초기 상태인 lightyellow로 변경되도록 한다. 세 번째 버튼을 누르면 lightgray로 변경되게 한다.

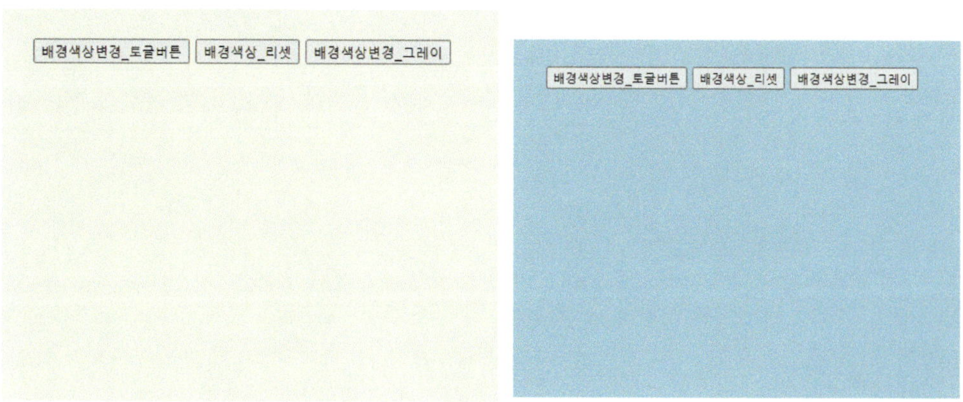

[1] html 입력

```
index.html
<div class="btns">
    <button class="btn_toggle">배경색상변경_토글버튼</button>
    <button class="btn--reset">배경색상_리셋</button>
    <button class="btn--bggray">배경색상변경_그레이</button>
  </div>
```

[2] css 입력

transition 속성을 추가해서 색상이 바뀔 때 전환효과 적용

```
<style></style>  index.html
body{background-color: lightyellow; transition: all 1s; }
.bgcolor—blue{ background-color: lightblue; }
.bgcolor—gray{ background-color: lightgray; }
.btns{ position: relative; top: 60px; width: 600px; margin: auto; text-align:
center;
}
```

[3] javascript 입력

버튼에 이벤트리스너를 추가하고 토글버튼을 누르면 "bgcolor—-blue" 스타일이 토글되도록 하고 리셋버튼을 누르면 "bgcolor-blue", "bgcolor—gray" 선택자가 제거되도록 한다. 다음은 그레이 버튼을 눌렀을 때 "bgcolor—gray"가 적용되도록 한다.

<script></script> index.html

```
const btnToggle = document.querySelector('.btn_toggle');
// addEventListener('이벤트', 실행함수);
btnToggle.addEventListener('click', function () {
  document.body.classList.toggle('bgcolor--blue');
  // console.log('버튼클릭');
});
const btnReset = document.querySelector('.btn--reset');
const btnBgGray = document.querySelector('.btn--bggray');
btnReset.addEventListener('click', function () {
  document.body.classList.remove('bgcolor--blue', 'bgcolor--gray');
});
btnBgGray.addEventListener('click', function () {
  document.body.classList.add('bgcolor--gray');
});
```

2) 배경이미지 변경 버튼 적용

배경이미지는 트랜지션효과를 적용하기 위해 <div>태그 안에 배경으로 지정하고 “opacity” 속성을 0에서 1로 변경될 수 있도록 클래스를 작성해서 버튼을 누르면 나타나도록 작성한다.

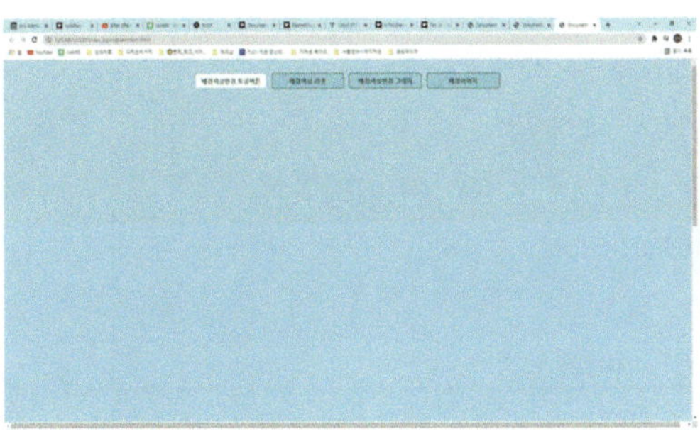

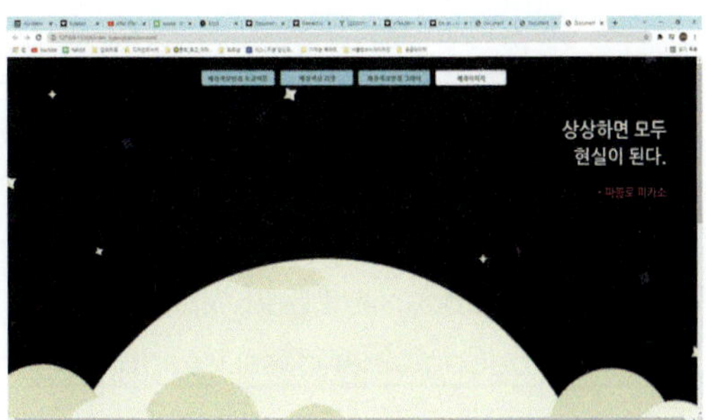

1 html 입력

index.html

```
<div class="bg__img"></div>
```

2 css 입력

<style></style> index.html

```
.bg__img { margin: 0; position: absolute; width: 100vw; height: 100vh;
  background: url('bg.png'); transition: all 1s; opacity: 0; }
.bg__img—show { opacity: 1; }
```

3 javascript 입력

<script></script> index.html

```
const bgContainer = document.querySelector('.bg__img');
const btnToggle = document.querySelector('.btn_toggle');
// addEventListener('이벤트', 실행함수);
btnToggle.addEventListener('click', function () {
  bgContainer.classList.remove('bg__img--show');
  document.body.classList.toggle('bgcolor--blue');
  // console.log('버튼클릭');      });
const btnReset = document.querySelector('.btn--reset');
btnReset.addEventListener('click', function () {
  bgContainer.classList.remove('bg__img--show');
  document.body.classList.remove('bgcolor--blue',
'bgcolor--gray','bg--img');
});
const btnBgGray = document.querySelector('.btn--bggray');
btnBgGray.addEventListener('click', function () {
  bgContainer.classList.remove('bg__img--show');
  document.body.classList.add('bgcolor--gray');      });
const btnBgImg = document.querySelector('.btn--bgimg');
btnBgImg.addEventListener('click', function () {
  // document.body.classList.add('bg--img');
  bgContainer.classList.add('bg__img--show');      });
```

3) 네비게이션 버튼 배경 적용

아래쪽으로 스크롤하면 버튼 아래쪽에 배경이 나타났다가 다시 위로 이동하면 버튼 아래 배경이 사라지도록 한다.

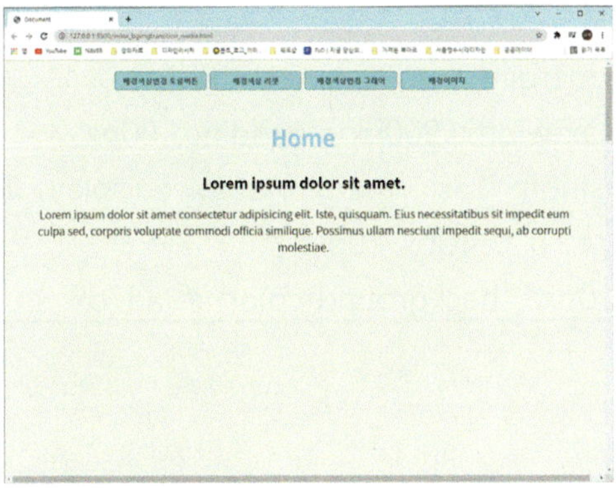

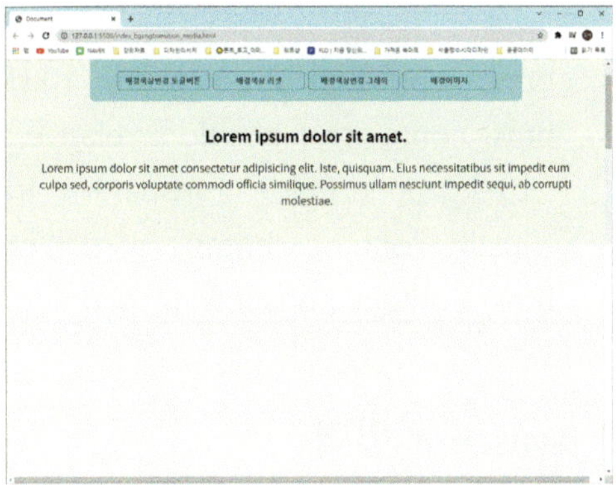

1 html 입력

".btns" 안에 버튼들의 부모요소를 감싸는 ".container"를 만들고 배경색을 변경할 div요소를 추가한다.

index.html

```
<div class="bg__img"></div>
<div class="btns">
  <div class="container">
    <div class="btns__menu">
      <button class="btn_toggle">배경색상변경 토글버튼</button>
      <button class="btn--reset">배경색상 리셋</button>
      <button class="btn--bggray">배경색상변경 그레이</button>
      <button class="btn--bgimg">배경이미지</button>
    </div>
    <button class="btns__toggle-btn">
      <span class="material-icons">
        menu
      </span>
    </button>
  </div>
</div>
```

2 css 입력

배경색이 보이지 않다가 아래로 스크롤하면 배경색이 보이도록 배경색을 지정하고 "transition" 속성을 추가한다.

```
<style></style>  index.html
.btns {  position: fixed; width: 100%; margin: auto; z-index: 10; }
.btns .container { position: relative; max-width: 900px;  padding: 20px;
  background-color: transparent; transition: 0.3s;  margin: auto;  display: flex;
  justify-content: center;  border-radius: 0 0 10px 10px; }
.btns .container.bgshow {  padding: 20px;  background-color: #9ad7d9; }
```

3 javascript 입력

if문을 이용해 60픽셀이상 스크롤하면 “.container” 요소에 “.bgshow” 스타일이 추가되서 배경색이 나타나도록 작업한다.

```
<script></script>  index.html
    const navContainer = document.querySelector('.btns .container');
    document.addEventListener('scroll', function () {
      console.log(window.scrollY);
      if (window.scrollY > 60) {
        navContainer.classList.add('bgshow');
      } else {
        navContainer.classList.remove('bgshow');
      }
    });
```

4) 위로 이동 버튼 추가

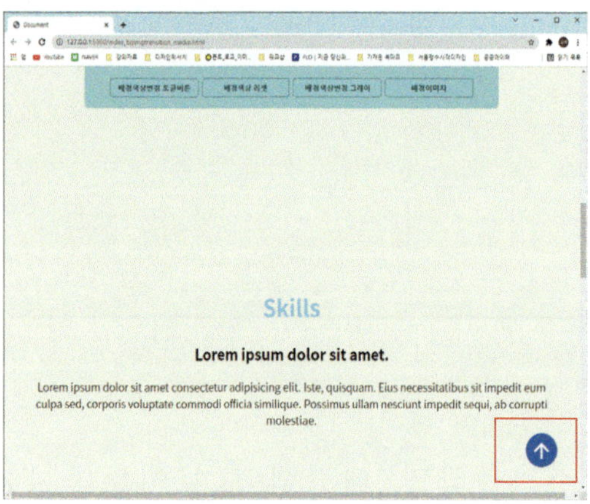

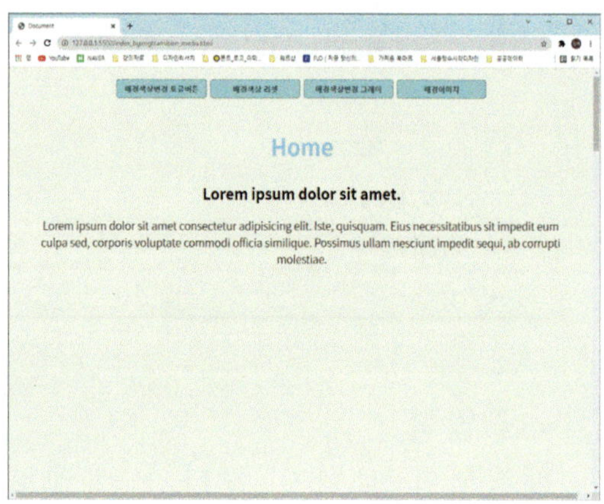

1 구글 머티리얼 아이콘

```
index.html
  <link href="https://fonts.googleapis.com/icon?family=Material+Icons"
      rel="stylesheet">
```

※ 참고 (외곽선, Tow Tone, Round, Sharp 사용시 추가해서 사용)

```
Material+Icons|Material+Icons+Outlined|Material+Icons+Two+Tone|Material
+Icons+Round|Material+Icons+Sharp
```

2 html 입력

버튼을 추가하고 구글 머티리얼 아이콘을 이용해 위로 화살표를 입력한다.

```html
index.html
  <button class="arrow-up">
    <span class="material-icons">
      arrow_upward
    </span>
  </button>
```

3 css 입력

"opacity" 속성을 이용해 위로 이동버튼을 나타나게 할 수 있다. "opacity: 0" 속성 값이 0이면 투명하지만 마우스가 위로 이동하면 커서가 나타난다. 커서가 나타나지 않도록 하려면 "visibility" 속성 값을 "hidden"으로 설정하고 나타날때는 "visible"로 설정한다.

```css
<style></style> index.html
.arrow-up {  position: fixed;  bottom: 50px;  right: 50px;  width: 70px;
  height: 70px;  color: rgb(255, 255, 255);  background-color: rgb(33, 112,
231);
  border-radius: 50%;  text-align: center;  opacity: 0; }
.arrow-up span {  line-height: 70px;  font-size: 50px; }
 .arrow-up.visible {   opacity: 1; }
```

4 javascript 입력

if문을 이용해서 500픽셀이상 스크롤되면 위로가기 버튼이 나타나고 버튼을 누르면 "scrollIntoView()" 메서드를 이용해서 인수로 "behavior: "smooth" "를 입력해서 홈(#home)으로 부드럽게 스크롤되도록 한다.

<script></script> index.html

```
    const arrowUp = document.querySelector('.arrow-up');
    document.addEventListener('scroll', function() {
      if ( window.scrollY > 500) {
        arrowUp.classList.add('visible');
      } else {
        arrowUp.classList.remove('visible');
      }
    });
    const home = document.querySelector('#home');
    arrowUp.addEventListener('click', function () {
      home.scrollIntoView({behavior:"smooth"});
    });
```

5) 메뉴변경 이벤트 위임 적용

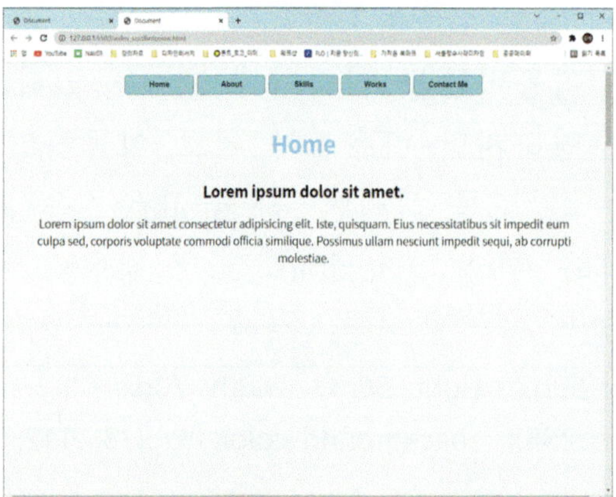

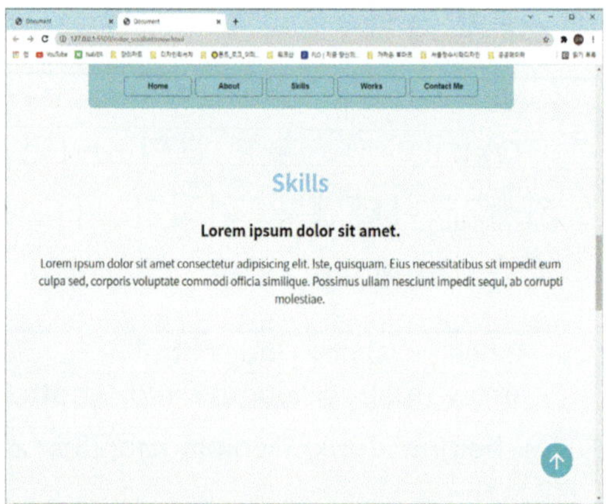

1 html 입력

버튼을 추가하고 "data-*" 속성을 이용해서 "link" 속성에 각 섹션에 해당하는 ID값을 입력한다.

index.html

```
<div class="btns_menu">
    <button class="btn home" data-link="#home">Home</button>
    <button class="btn about" data-link="#about">About</button>
    <button class="btn skills" data-link="#skills">Skills</button>
    <button class="btn works" data-link="#works">Works</button>
    <button class="btn contact" data-link="#contact">Contact Me</button>
</div>
```

home, about, skills, works, contact에 해당하는 각 섹션을 입력한다.

```
index.html
  <section id="home">
    <div class="wrapper">
      <h1>Home</h1>
      <h2>Lorem ipsum dolor sit amet.</h2>
      <h3>Lorem ipsum dolor sit amet consectetur adipisicing elit. Iste, quisquam. Eius necessitatibus sit impedit eum culpa sed, corporis voluptate commodi officia similique. Possimus ullam nesciunt impedit sequi, ab corrupti molestiae.</h3>
    </div>
  </section>
```

2 css 입력

섹션은 폭과 높이를 100%로 설정하고 ".wrapper" 선택자에 최대폭을 1200픽셀로 지정하고 "margin" 속성을 "auto"로 지정해서 수평정렬이 되도록 설정한다.

```
<style></style> index.html
section {  width: 100%;  height: 100vh;  padding-top: 88px;  }
.wrapper {  max-width: 1200px;  margin: auto; text-align: center;}
h1 {  color: skyblue;  font-size: 48px;}
h2 {  font-size: 32px;}
h3 {  font-size: 24px;  font-weight: 300;}
```

3 javascript 입력

버튼의 부모요소인 ".btns__menu" 요소에 이벤트리스너를 적용하고 클릭이벤트가 발생하면 콜백함수에 "event" 인수를 전달해서 "link" 속성에 값이 있는지 확인해서 값이 없으면 "return" 하고 값이 있으면 해당ID의 요소로 자연스럽게 스크롤되도록 입력한다.

```
<script></script> index.html
const btnsMenu = document.querySelector('.btns__menu');
btnsMenu.addEventListener('click', (event) => {
  const target = event.target;
  const link = target.dataset.link;
  if (link == null) {
    return;
  }
  const scrollTo = document.querySelector(link);
  scrollTo.scrollIntoView({behavior:"smooth", block:"start"});
  btnsMenu.classList.remove('open');
});
```

6) 미디어쿼리를 이용한 반응형 웹 적용

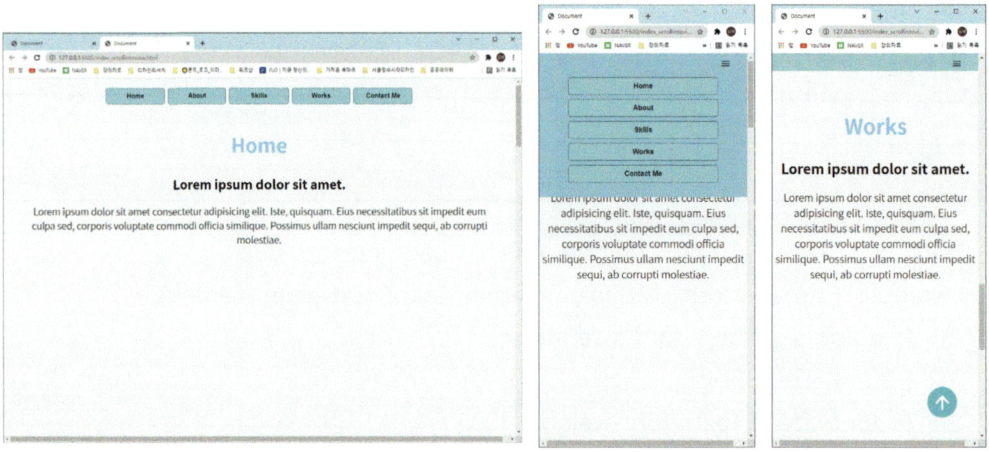

1 html 입력

햄버거버튼 입력해서 폭이 700픽셀 이하가 되면 나타날 수 있도록 한다.

```
index.html
<button class="btns__toggle-btn">
  <span class="material-icons">
    menu
  </span>
</button>
```

2 css 입력

햄버거버튼의 "display" 속성 값을 "none" 으로 설정하고 미디어 쿼리를 이용해 브라우저의 폭이 700픽셀보다 작아지면 "block" 으로 변경해서 화면에 나타나도록 한다. 그 다음 버튼 모음의 부모요소인 ".btns__menu" 의 "flex-direction" 속성의 값을 "column" 으로 변경해서 버튼이 세로방향으로 나타나도록 하고 ".open" 스타일을 추가하면 버튼이 나타나도록 "display" 속성 값을 "block" 으로 지정한다.

```
<style></style>  index.html
.btns__toggle-btn {   position: absolute;   top: 10px;   right: 32px;   color: #193f40;
  transition: 0.3s;  display: none; }
.btns__toggle-btn span {  font-size: 24px; }
@media screen and (max-width: 700px) {
  .btns .container {     background-color: #9accd9;     border-radius: 0;
    padding: 24px;  }
  .btns__toggle-btn { display: block;  }
  .btns__menu { flex-direction: column; width: 100%; align-items: center;
    justify-content: center; padding-top: 20px; display: none; }
  .btns__menu.open { display: block;   }
  .btns__menu button { display: block; margin: 10px auto; width: 80%; }
}
```

3 javascript 입력

햄버거 버튼을 누르면 메뉴가 나타나고 사라지도록 "toggle" 메서드를 이용해 ".open" 스타일을 인수로 적용한다.

```
<script></script>  index.html
    const btnsToggleBtn = document.querySelector('.btns__toggle-btn');
    btnsToggleBtn.addEventListener('click', function() {
      btnsMenu.classList.toggle('open');
    });
```

7) 원페이지 반응형 웹사이트 제작 예시

지금까지 제작한 원페이지 방식 웹사이트를 참고하여 아래와 같이 내용을 추가하면 개인 포트폴리오로 사용할 수 있다. 미디어의 폭이

760픽셀 이하가되면 메뉴바가 수직으로 나타나고 콘텐츠가 수직으로 쌓이도록 반응형으로 제작한다.

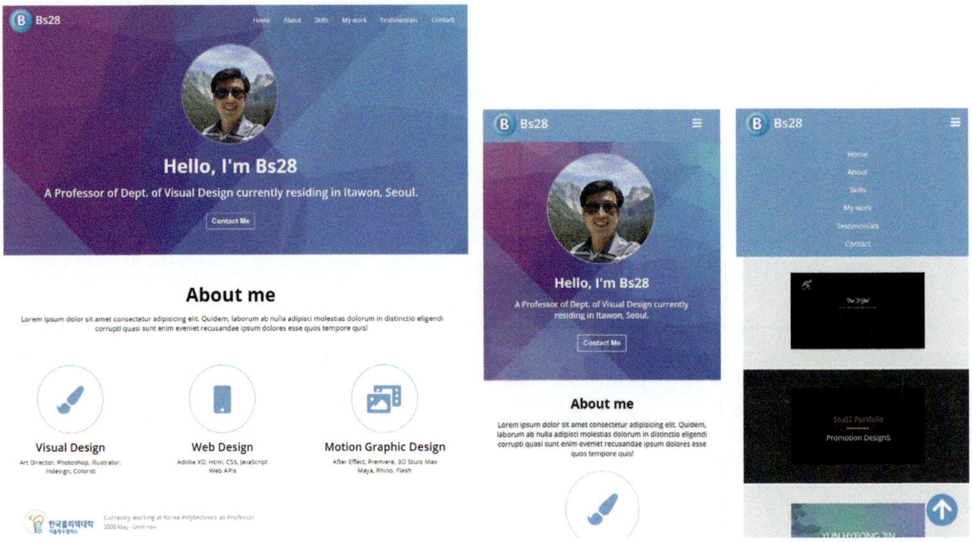

2. 마우스를 따라가는 타겟

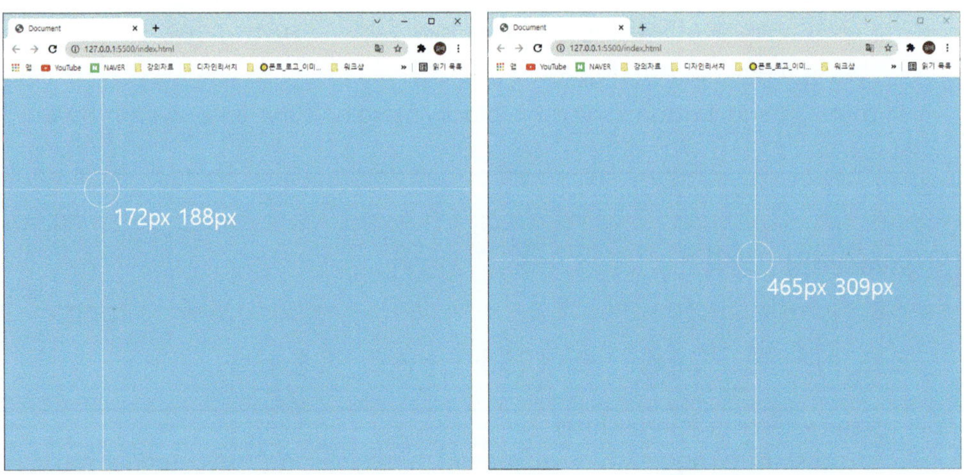

1) 투명도 조정 및 버튼 배치

1 html 입력

수평선, 수직선, 타겟을 만들기 위해 “div” 태그 입력하고 좌표를 보여주기 위해 “span” 태그를 입력한다.

index.html

```
<link rel="stylesheet" href="style.css">
  <script defer src="main.js"></script>
</head>
<body>
  <div class="line horizontal"></div>
  <div class="line vertical"></div>
  <div  class="target"></div>
  <span class="tag">Hello</span>
</body>
```

[2] css 입력

"div" 요소를 수평선과 수직선으로 만들기 위해서 ".line" 선택자는 "position" 속성을 "absolute"로 지정하고 수평선과 수직선에 만들어지도록 각각 폭과 높이를 아래와 같이 조정한다. 초기 위치를 잡아주기 위해서 각각 "top"과 "left" 속성을 50% 지정한다. ".target"은 "div" 요소에 "border"와 "border-radius" 속성을 지정해서 흰색선을 가진 원으로 만들어서 사용한다.

style.css

```
body {  background-color: skyblue;  margin: 0;}
.line {  position: absolute;  background-color: white;}
.horizontal {  width: 100%;  height: 1px;  top: 50%; }
.vertical {  width: 1px;  height: 100%;  left: 50%; }
.target {  position: absolute;  width: 60px;  height: 60px;
  border: solid 1px white;  border-radius: 50%;
  transform: translate(-50%, -50%);}
.tag {  position: absolute;  color: white;  top: 50%;  left: 50%;
  font-size: 38px;  transform: translate( 20px, 20px);  margin: 20px;}
```

초기 위치 확인을 위해 지정했던 "top"과 "left" 속성은 삭제하거나 주석처리한다.

```
style.css
body {  background-color: skyblue;  margin: 0;}
.line {  position: absolute;  background-color: white;}
.horizontal {  width: 100%;  height: 1px;  /* top: 50%; */}
.vertical {  width: 1px;  height: 100%;  /* left: 50%; */}
.target {  position: absolute;  width: 60px;  height: 60px;
  border: solid 1px white;  border-radius: 50%;
  transform: translate(-50%, -50%);}
.tag {  position: absolute;  color: white;  /* top: 50%;  left: 50%; */
  font-size: 38px;  transform: translate( 20px, 20px);  margin: 20px;}
```

3 javascript 입력

각각의 요소를 선택해서 변수에 할당한다.

```
main.js
const horizontal = document.querySelector('.horizontal');
const vertical = document.querySelector('.vertical');
const target = document.querySelector('.target');
const tag = document.querySelector('.tag');
```

타겟의 크기는 바뀔 수 있음을 감안해서 “getBoundingClientRect()” 메서드를 이용해 속성을 가져와서 폭과 높이의 반을 변수에 할당하고 스타일을 이용해 좌표에서 폭의 반을 빼줘서 타겟이 마우스의 중앙에 일치하도록 설정한다. 값을 입력할 때는 백틱키 “`” 를 이용해서 입력한다.

main.js

```
addEventListener('load', function () {
  const targetRect = target.getBoundingClientRect();
  // console.log(targetRect);
  const targetHalfWidth = targetRect.width / 2;
  const targetHalfHeight = targetRect.height / 2;
  document.addEventListener('mousemove', (event) => {
    const x = event.clientX;
    const y = event.clientY;
    console.log(x + "px" + y + "px");
    console.log(`${x} px ${y} px백틱키사용`);
    horizontal.style.transform = `translateY(${y}px)`;
    vertical.style.transform = `translateX(${x}px)`;
    target.style.transform = `translate(${x - targetHalfWidth}px, ${y - targetHalfHeight}px)`;
    tag.style.transform = `translate(${x}px, ${y}px)`;
    tag.innerHTML = `${x}px ${y}px`;
  });
});
```

2) 마우스 트레일 기능 만들기

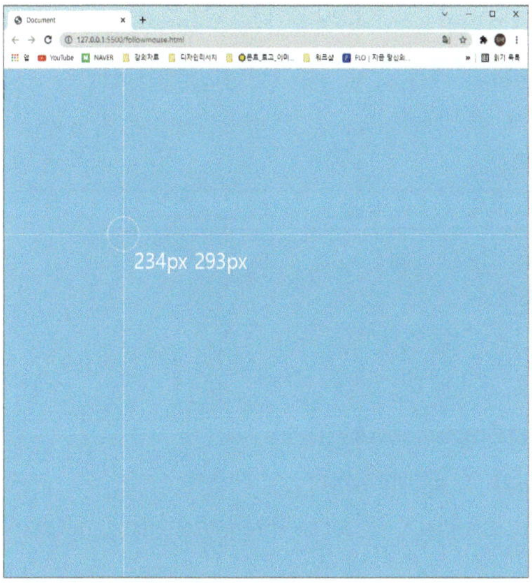

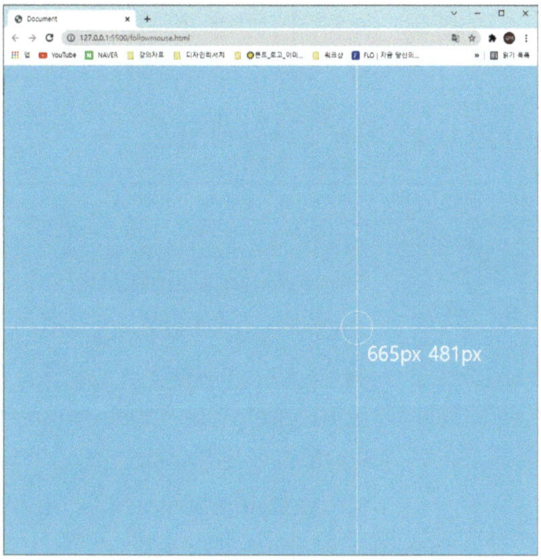

requestAnimationFrame()메서드를 이용해서 마우스가 움직이면 타겟이 자연스럽게 따라가도록 만든다.

① javascript 입력

마우스위치 타겟의 위치 차이가 작아지도록 하기위해서 타겟의 위치에 해당하는 변수 “curX” 와 “curY” 를 만들고 마우스 이벤트가 발생하여 마우스의 위치를 “mouseX” 와 “mouseY” 에 할당한다.

main.js

```
addEventListener('load', function () {
        const targetRect = target.getBoundingClientRect();
        // console.log(targetRect);
        const targetHalfWidth = targetRect.width / 2;
        const targetHalfHeight = targetRect.height / 2;
        let curX = 0;
        let curY = 0;
        let mouseX = 0;
        let mouseY = 0;
        document.addEventListener('mousemove', (event) => {
          mouseX = event.clientX;
          mouseY = event.clientY;
          console.log(mouseX + "px" + mouseY + "px");
          console.log(`${mouseX} px ${mouseY} px백틱키사용`);
        });
```

타켓의 위치가 마우스 방향으로 차이를 줄여 나갈 수 있도록 식을 구성하고 “requestAnimationFrame()” 메서드를 적용한 함수를 선언하고 함수를 실행한다.

main.js

```
function animate() {
          requestAnimationFrame(animate);
          curX += (mouseX - curX) * 0.1;
          curY += (mouseY - curY) * 0.1;
          horizontal.style.transform = `translateY(${curY}px)`;
          vertical.style.transform = `translateX(${curX}px)`;
          target.style.transform = `translate(${curX - targetHalfWidth}px, ${curY
- targetHalfHeight}px)`;
          tag.style.transform = `translate(${curX}px, ${curY}px)`;
          tag.innerHTML = `${Math.ceil(curX)}px ${Math.ceil(curY)}px`;
}
animate();
```

3) GSAP을 적용한 마우스 트레일 기능 만들기

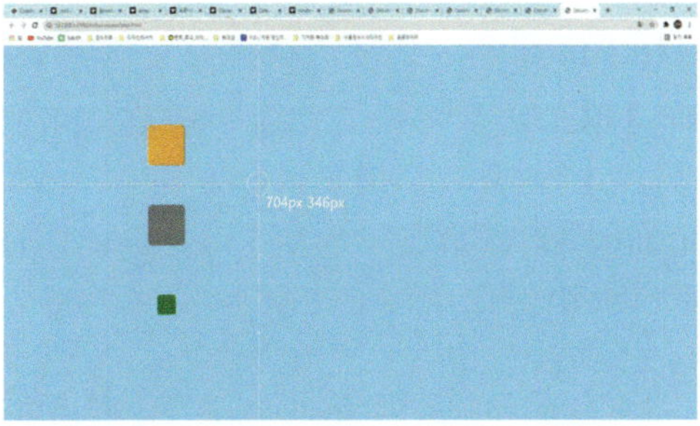

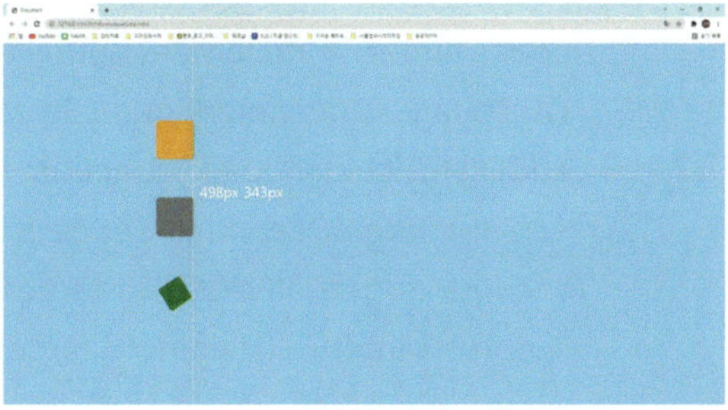

① gsap을 이용한 사각형 애니메이션

수평선, 수직선, 타겟을 만들기 위해 “div” 태그 입력하고 좌표를 보여주기 위해 “span” 태그를 입력한다.

index.html

```
<div class="box orange"></div>
<div class="box grey"></div>
<div class="box green"></div>
```

style.css

```
.box {   position: absolute;  display: block;  width: 100px;  height: 100px;
border-radius: 10px;  opacity: 0;}
.orange {  top: 100px;  left: 100px;  background-color: orange;}
.grey {  top: 300px;  left: 100px;  background-color: gray;}
.green {  top: 500px;  left: 100px;  background-color: green;  }
```

<script> index.html

```
const aniDuration = 3;
  gsap.to("h2.title", {duration: aniDuration, opacity: 0.3});
  gsap.to(".box", {duration: aniDuration, delay:3, x: 300, y: 100, ease:
"elastic.out(1, 0.3)", opacity: 1});
  gsap.to(".green", {duration: aniDuration, rotation: 360, scale: 0.5, repeat:-1,
yoyo:true});
```

② javascript 입력

main.js
```
const target = document.querySelector('.target');
const tag = document.querySelector('.tag');
addEventListener('load', function () {
  const targetRect = target.getBoundingClientRect();
  const targetHalfWidth = targetRect.width / 2;
  const targetHalfHeight = targetRect.height / 2;
  let curX = 0;
  let curY = 0;
  let mouseX = 0;
  let mouseY = 0;
  document.addEventListener('mousemove', function (event){
    mouseX = event.clientX;
    mouseY = event.clientY;
    gsap.to(".horizontal",.5, {y:mouseY });
    gsap.to(".vertical",.5, {x:mouseX });
    gsap.to(".target",.5, {x:mouseX, y:mouseY });
    gsap.to(".tag",.5, {x:mouseX, y:mouseY });
    tag.innerHTML = `${Math.ceil(mouseX)}px ${Math.ceil(mouseY)}px`;
  });
```

3. 스모크문자

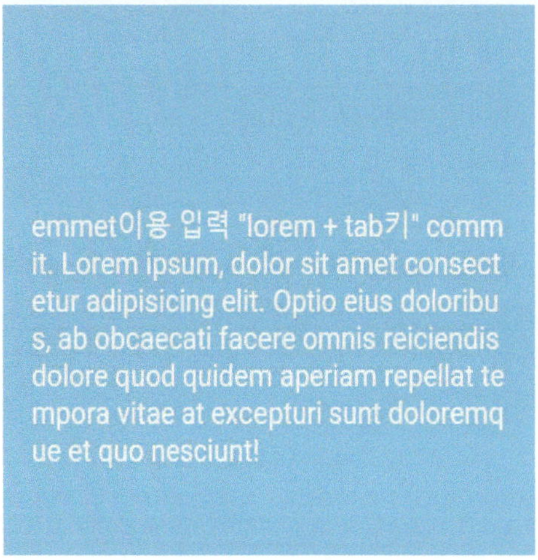

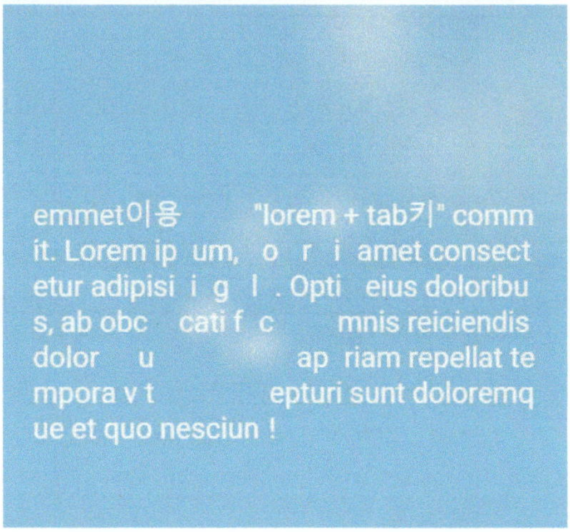

문자열을 자소로 변환

1) 화면구성

1 html 입력

"div" 태그를 입력하고 자식요소로 클래스속성 값이 "text"인 "p" 태그에 내용입력(lorem + [tab키])

```
index.html
<div>
    <p class="text">emmet이용 입력 "lorem + tab키" commit. Lorem ipsum, dolor sit amet consectetur adipisicing elit. Optio eius doloribus, ab obcaecati facere omnis reiciendis dolore quod quidem aperiam repellat tempora vitae at excepturi sunt doloremque et quo nesciunt!</p>
</div>
```

2 css 입력

구글폰트 사이트에서 아래 폰트를 복사해서 CSS에 임포트한다.
Roboto 폰트 사용(300, 400, 500, 700, 900)
유니버셜 선택자를 이용해 마진과 패딩을 0으로 설정하고 보더를 포함한 폭과 높이를 갖도록 박스사이징을 보더박스로 설정하고 구글폰트에서 임포트한 Roboto 폰트를 적용한다.
section태그에 포지션은 relative를 적용하고 디스플레이를 플렉스로 적용해서 수평, 수직 정렬을 중앙으로 해서 문자열이 중앙에 배치되도록 해주며, 영역을 넘어가는 콘텐츠를 숨겨지도록 하기 위해 overflow 속성은 hidden으로 설정한다.

```
<style></style>  index.html
@import url('https://fonts.googleapis.com/css2?family=
   Roboto:wght@300;400;500;700;900&display=swap');
* {   margin: 0;   padding: 0;   box-sizing: border-box;
      font-family: 'Roboto', sans-serif;}
div {   position: relative;   display: flex;   justify-content: center;
        align-items: center;   min-height: 100vh;   background-color: skyblue;
        overflow: hidden;}
div .text {   position: relative;   color: #fff;   margin: 40px;   max-width: 800px;
              user-select: none;   font-size: 1.5em;}
div .text span {   position: relative;   display: inline-flex;   cursor: pointer;
div .text span.active {   animation: smoke 2s linear forwards;
                          transform-origin: bottom;}
@keyframes smoke {
   0% {    opacity: 1; filter: blur(0);
           transform: translateX(0) translateY(0) rotate(0deg) scale(1);  }
   50% {  opacity: 1; pointer-events: none;  }
   100% { opacity: 0; filter: blur(20px);
           transform:    translateX(300px)    translateY(-300px)    rotate(720deg)
scale(4);}
}
}
```

① animation 속성

애니메이션 세부 속성을 지정한 @keyfames를 이용해 키프레임에서 변하는 속성값을 설정해서 애니메이션을 추가한다.

형식	animation: <property> <duration> <timing-function> <delay>;
예시	animation: rotateBox 3s infinite ease;

애니메이션 세부 속성

속성 명	초기값	설명
animation-name	none	애니메이션 이름
animation-duration	0s	지속 시간(s, ms 단위 사용)
animation-timing-function	ease	속도변화 지정
animation-delay	0s	시작 전 지연 시간 지정
animation-iteration-count	1	반복 여부(숫자, infinite)
animation-direction	normal	방향(normal, reverse, alternate, alternate-reverse)
animation-fill-mode	none	실행 전과 후에 대상에 스타일을 적용
animation-play-state	running	실행 여부

② @keyframes 속성

형식	@keyframes [animation-name] {
	  from { 속성 : 속성 값; }
	  50% { 속성 : 속성 값; }
	  to { 속성 : 속성 값; }
	}

예시	@keyframes rotateBox {
	  from { transform: rotate(0deg); }
	  50% { ransform: rotate(180deg); }
	  to { transform: rotate(360deg); }
	}

③ transition 속성

형식	transition: <property> <duration> <timing-function> <delay>;
예시	transition: opacity 300ms ease-in;

트랜지션 세부속성

속성 명	초기값	설명
transition-property	all	트랜지션 속성
transition-duration	0s	지속 시간
transition-timing-function	ease	속도변화 지정
transition-delay	0s	시작 전 지연 시간 지정

3 javascript 입력

햄버거 버튼을 누르면 메뉴가 나타나고 사라지도록 "toggle" 메서드를 이용해 ".open" 스타일을 인수로 적용한다.

```
<script></script>  index.html
replace(/₩S/g,"<span>$&</span>")
const letters = document.querySelectorAll('span');
for (let i=0; i<letters.length; i++){
  letters[i].addEventListener("mouseover", function () {
    letters[i].classList.add('active')
  });
};
```

① 정규표현식 만들기

정규식을 만드는 방법은 정규식 리터럴 방식과 RegExp객체의 생성자 함수를 호출하는 방식 두 가지가 있다. 여기에서는 "replace" 메소드의 인수로 입력했다. 그 의미를 살펴보면

리터럴	const regularExpression = /pattern/flages;
생성자함수	const regularExpression = new RegExp("pattern", "flags");

② 정규표현식에의 특수문자

문자	의미
₩	역슬래시, 정규표현식에서 사용하는 특수문자와 구분을 위해 사용
₩S	공백이 아닌 하나의 문자에 대응
₩s	공백 문자에 대응
₩W	단어 문자가 아닌 문자에 대응
₩w	밑줄 문자를 포함한 영숫자 문자에 대응

③ Regular expression flags

정규식은 여섯 개의 플래그를 설정해서 전역 검색 또는 대소문자 구분 없는 검색 등을 할 수 있다.

flag	의미
g	전역검색
i	대소문자 구분없는 검색

④ replace 메소드

대응되는 문자열을 찾아 다른 문자열로 치환하는 String메소드

var newStr = str.replace(regexp|substr, newSubstr|function)

pattern	내용
$$	"$"기호를 삽입
$&	매치된 문자열을 삽입
$`	`(백틱), 매치된 문자열 앞쪽까지의 문자열 삽입
$'	매치된 문자열을 포함하는 문단을 삽입

4. 3차원 공간에서 회전하는 이미지

가로, 세로 200픽셀인 8장의 사진을 이용해 Y축을 기준으로 회전하는 애니메이션을 제작하고 마우스를 클릭하면 멈추도록 효과 적용

1) 이미지3차원 회전

1 html 입력

스타일에 변수를 이용해 순서대로 숫자로 지정

index.html

```
<div class="box">
  <span style="--i:1;"><img src="./imgs/img1.jpg" alt=""></span>
  <span style="--i:2;"><img src="./imgs/img2.jpg" alt=""></span>
  <span style="--i:3;"><img src="./imgs/img3.jpg" alt=""></span>
  <span style="--i:4;"><img src="./imgs/img4.jpg" alt=""></span>
  <span style="--i:5;"><img src="./imgs/img5.jpg" alt=""></span>
  <span style="--i:6;"><img src="./imgs/img6.jpg" alt=""></span>
  <span style="--i:7;"><img src="./imgs/img7.jpg" alt=""></span>
  <span style="--i:8;"><img src="./imgs/img8.jpg" alt=""></span>
</div>
```

② css 입력

"body"를 플렉스로 지정하고 배경은 방사형그레디언트를 적용한 후 스크롤했을 때 고정되도록 "background-attachment" 속성 값을 "fixed"로 지정한다.

① transform-style

3차원 공간에서 요소(element)의 공간에 표시 또는 평면적으로 표시할지 결정한다.

transform-style: flat;	transform-style: preserve-3d;
평면적으로 표시	공간으로 표시

```css
<style></style>  index.html
* {  margin: 0;  padding: 0;  box-sizing: border-box;}
body {  display: flex;   justify-content: center; height: 2000px;
  background: radial-gradient( #2C5364, #0F2027);
  background-attachment: fixed;
}
.box {  position: relative;  top: 30vh;  width: 200px;  height: 200px;
  transform-style: preserve-3d;  animation: animate 20s linear infinite ;}
@keyframes animate {
  0% {    transform: perspective(1000px) rotateY(0deg);  }
  100% {    transform: perspective(1000px) rotateY(360deg);  } }
.box span {  position: absolute;  top: 0;  left: 0;  width: 100%;  height: 100%;
  transform-origin: center;  transform-style: preserve-3d;
  transform: rotateY(calc(var(--i) * 45deg)) translateZ(400px);
  -webkit-box-reflect: below 0px linear-gradient(transparent, transparent, #0009);
}
.box span img {  position: absolute;  top: 0;  left: 0;  width: 100%;
  height: 100%;  object-fit: cover; }
.item {  position: fixed;  left: 0;  width: 300px;  height: 300px;
  background-color: #fff; }
```

3 CSS의 var( )함수와 사용자 지정 속성

var( )함수는 사용자지정 속성(--*)을 값으로 지정할 때 사용된다. 사용자 지정 속성을 사용하면 반복되는 경우 사용자 지정속성을 변경함으로써 var( )함수를 이용해 지정한 속성의 값을 한번에 변경할 수 있다.

① 형식

형식	var(<custom-property-name> , <declaration-value>)
예시	:root { --main-bg-color: pink; } body { background-color: var(--main-bg-color); }

② 사용예

미디어쿼리를 사용해서 반응형 웹을 적용할 경우 컬러와 글꼴, 글자두께 등 통일성있게 사용되어야 하는 요소를 사용자지정 속성으로 지정하고 var( )함수를 사용해서 효율적으로 관리할 수 있다.

```
:root {
  --color-white: #ffffff;    --color-light-grey: #7c7979;    --color-grey: #616161;
  --color-dark-grey: #4d4d4d;    --color-black: #000000;
  --font-large: 48px;    --font-medium: 28px;    --font-regular: 18px;
  --weight-bold: 700;   --weight-semi-bold: 600;    --weight-regular: 400;
  --size-border-radius: 4px;
}
h1 {    font-size: var(--font-large);   font-weight: var(--weight-bold);
  color: var(--color-black); }
h2 {   font-size: var(--font-medium);   font-weight: var(--weight-semi-bold);
  color: var(--color-black); }
h3 {   font-size: var(--font-regular);   font-weight: var(--weight-regular);
  color: var(--color-black); }
```

4 CSS의 calc( )함수 사용

CSS속성의 값으로 계산식을 지정할 수 있다.

① 형식

형식	property: calc(expression);
예시	width: calc(100% - 80px);

② 사용예

```
transform: rotateY(calc(var(--i) * 45deg)) translateZ(400px);
```

8개의 이미지는 "span"태그에 인라인스타일 속성값으로 커스텀스타일을 적용하고 값은 "1"부터 "8"까지의 숫자로 정의되어 있으므로 "img1"은 Y축으로 45도 회전하고 Z축으로 400픽셀이동되어 표시되면 입체적으로 보여진다.

5 CSS의 calc( )함수 사용

400픽셀	transform: rotateY(calc(var(--i) * 45deg)) translateZ(400px);
240픽셀	transform: rotateY(calc(var(--i) * 45deg)) translateZ(240px);

Z축 400픽셀	Z축 240픽셀

5. 호버된 이미지가 확대되서 보여지는 효과

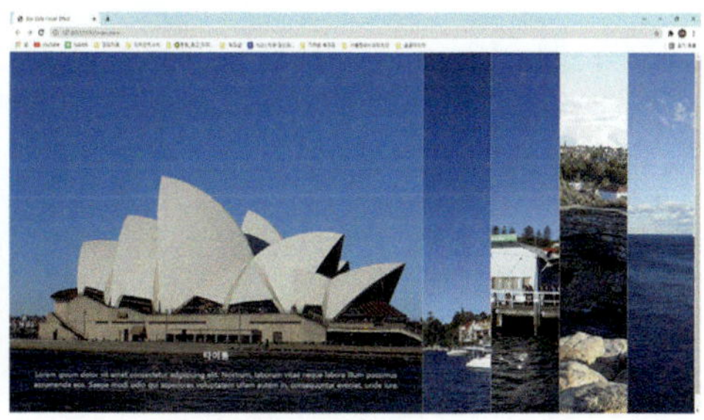

초기에는 5장의 이미지들의 가로 사이즈가 균등하게 보여지고 이미지에 호버되면 호버된 이미지가 60%로 확대되고 나머지 4장의 이미지는 10%로 변형되는 트랜지션효과 적용

1 html 입력

"class" 속성 값으로 "container"를 지정한 "section" 태그를 입력하고 "ul" 태그의 자식요소로 5개의 "li" 태그를

```
index.html
<section class="container">
    <ul>
      <li>
        <div class="content">
          <h2>타이틀</h2>
          <p>Lorem ipsum dolor sit amet consectetur adipisicing elit. Nostrum, laborum vitae neque labore illum possimus assumenda eos. Saepe modi odio qui asperiores voluptatem ullam autem in, consequuntur eveniet, unde iure.</p>
        </div>
      </li>
```

2 css 입력

“body” 선택자에는 마진과 패딩을 0으로 지정하고 글꼴과 배경색 지정한다. “.container” 는 폭은 100%, 높이는 100vh를 지정한다. “ul” 선택자의 폭과 높이는 100%로 지정하고 “ul li” 선택자에는 초기 크기가 각각 균등하게 보여지도록 폭을 20%로 지정하고 border-box를 지정해서 외곽선을 포함한 크기가되도록 한다. “float” 속성의 값을 “left” 로 입력해서 좌측으로 정렬되도록 한다.

```
<style></style> index.html
body { margin: 0;  padding: 0;  font-family: sans-serif;
background-color: skyblue; }
.container {  position:relative;  width: 100%;  height: 100vh;}
p {  font-size: 20px;}
ul {  position: absolute;  top: 0;  left: 0;  width: 100%;  height: 100%;
  background-color: #ccc;  margin: 0;  padding: 0;
  background: url('imgs/img5.JPG');  background-size: cover;
  background-position: left;}
ul li {  list-style: none;  position: relative;  width: 20%;  height: 100%;
  border-right: 1px solid rgb(233, 233, 233);  float: left;  box-sizing: border-box;
  transition: 0.3s;  text-align: center;}
```

“ul li:nth-child(1)” 에 배경이미지를 지정하고
“background-size” 속성 값은 “cover” 로 지정해서 화면을

채우도록 설정한다.

그 다음 "background-position"은 "left" 또는 "center"를 설정해서 확인한 후 어울리는 것으로 지정한다.

※ :nth-child() 가상클래스는 형제요소들 중에서 지정된 순번의 요소를 지정한다.

```
<style></style> index.html
ul li:nth-child(1) { background: url('imgs/img1.JPG'); background-size: cover;
  background-position: center; }
ul li:nth-child(2) { background: url('imgs/img2.JPG'); background-size: cover;
  background-position: center; }
ul li:nth-child(3) { background: url('imgs/img3.JPG'); background-size: cover;
  background-position: center; }
ul li:nth-child(4) { background: url('imgs/img4.JPG'); background-size: cover;
  background-position: center; }
ul li:nth-child(5) { background: url('imgs/img5.JPG'); background-size: cover;
  background-position: center; }
```

"ul"에 호버되면 "li"의 폭은 10%가 되고 "li"에 호버가되면 폭이 60%가 되고 이를 합치면 100%가 되므로 화면의 채우면서 각각의 이미지 위로 이동하면 자연스럽게 트랜지션이 되는 것을 확인할 수 있다.

```
<style></style> index.html
ul:hover li { width: 10%;}
ul li:hover { width: 60%;}
ul li .content { position: absolute; left: 0; width: 100%;
  background-color: rgba(0,0,0,.3); box-sizing: border-box; color: white;
  opacity: 0; padding: 0 60px 40px 60px;}
ul li:hover .content { bottom: 0; transition: 300ms; transition-delay: 150ms;
  opacity: 1; }
```

6. Swiper를 이용한 캐러셀

swiper를 이용해 이미지겔러리를 제작한다. 가로 820픽셀 이미지 8장을 준비하고 Swiper를 이용해서 3개의 이미지가 보여지며 페이지 이동과 이전, 다음 버튼을 이용해 이미지를 변경할 수 있도록 제작

1) 이미지 및 Swiper준비

[1] 이미지준비

이미지를 8장 준비한다. 포토샵을 이용해 이미지의 크기 등을 조정하고 이름은 숫자를 이용해 순서를 구분하기 쉽게 지정한다.

[2] CSS초기화 CDN 연결

CSS를 초기화해서 사용하기 위해 사용하며 구글에서 "css reset cdn"으로 검색하면 "jsdelivr(https://www.jsdelivr.com)"에서 복사한 후 스타일에 붙여넣어주면 css초기화를 할 수 있다.

index.html

```
<link rel="stylesheet" href=
"https://cdn.jsdelivr.net/npm/reset-css@5.0.1/reset.min.css">
```

3 html 입력

"section" 태그 자식요소로 "div"를 만들고 자식요소로 스와이퍼 요소를 추가한다. 스와이퍼에서 제공하는 클래스이름은 변경하지 않고 그대로 사용한다. 스와이퍼의 부모요소인 "section"과 "div"는 필요에 따라 변경해서 사용하면된다.

index.html

```
<section class="notice">
  <div class="promotion">
    <div class="swiper-container">
      <div class="swiper-wrapper">
        <div class="swiper-slide">
        </div>
      </div>
    </div>
    <div class="swiper-pagination"></div>
    <div class="swiper-prev">
    </div>
    <div class="swiper-next">
    </div>
  </div>
</section>
```

슬라이드에 추가할 이미지를 "img" 태그를 이용해 "swiper-slide" 자식요소로 입력한다.

```
index.html
  <div class="swiper-slide">
          <img src="./imgs/la1.jpg" alt="" />
        </div>
        <div class="swiper-slide">
          <img src="./imgs/la2.jpg" alt="" />
        </div>
        <div class="swiper-slide">
          <img src="./imgs/la3.jpg" alt="" />
        </div>
        <div class="swiper-slide">
          <img src="./imgs/la4.jpg" alt="" />
        </div>
        <div class="swiper-slide">
          <img src="./imgs/la5.jpg" alt="" />
        </div>
        <div class="swiper-slide">
          <img src="./imgs/la6.jpg" alt="" />
        </div>
        <div class="swiper-slide">
          <img src="./imgs/la7.jpg" alt="" />
        </div>
        <div class="swiper-slide">
          <img src="./imgs/la8.jpg" alt="" />
        </div>
```

구글 머티리얼 아이콘을 이용해 좌/우 화살표를 입력한다.

```
index.html
      <div class="swiper-prev">
        <div class="material-icons">arrow_back</div>
      </div>
      <div class="swiper-next">
        <div class="material-icons">arrow_forward</div>
      </div>
```

2 css 입력

"body" 배경색을 지정하고 글꼴을 지정한다. 스와이퍼를 감싸는 부모요소 ".notice .promotion" 에도 배경색을 "rgb(228, 247, 255)" 로 지정하고 높이는 740픽셀로 설정한다.

<style></style> index.html

```
body { background-color:rgb(228, 247, 255);  color: darkblue;  font-size: 16px;
  font-weight: 400;  line-height: 1.4;  font-family: 'Nanum Gothic', sans-serif; }
.notice .promotion {  height: 740px;  background-color: rgb(228, 247, 255);
  position: relative; }
```

3 JS 입력

"swiper-wrapper" 부모 요소를 인수로 입력하고 인수로 전달할 값을 객체 형태로 입력한다. slidesPerView에 지정한 숫자만큼 한번에 보여줄 슬라이를 지정할 수 있다.

main.js

```
'use strict';
new Swiper('.promotion .swiper-container', {
  slidesPerView: 3, //한번에 보여줄 슬라이드 개수
  spaceBetween: 20, // 슬라이드 사이 여백
  centeredSlides: true,  // 1번 슬라이드가 가운데 보이도록
  loop: true,
  autoplay: {
    delay:5000
  },
  pagination: {
    el: '.promotion .swiper-pagination', //페이지 번호 요소 선택자
    clickable: true //사용자의 페이지 번호 요소 제어 가능 여부
  },
  navigation: {
    prevEl: '.promotion .swiper-prev',
    nextEl: '.promotion .swiper-next'
  }
});
```

2) 이미지 위치 조정

1 css 입력

"width: 800px"와 "margin: auto"를 지정해서 보여지는 이미지가 중앙에 위치하도록 설정한다.

<table>
<tr><td>
</td><td>
</td></tr>
<tr><td>width: 800px;</td><td>width: 800px;
margin: auto;</td></tr>
</table>

style.css

```
.notice .promotion .swiper-container {
  margin: auto;
  width: 800px;
}
```

슬라이드를 3장씩 보여주고 선택된 이미지는 중앙에 선명하게 보여주고 양쪽에 이미지는 투명도를 0.4정도를 줘서 반투명하게 보여주도록 한다.

세장의 이미지를 보여주기 위해 ".swiper-container"의 폭을 3배로 지정하고 간격을 20픽셀 더한 2,480픽셀로 지정한다.

"left: 50%"와 "margin-left: -1240px"로 지정해서 가운데 정렬되도록 한다.

<table>
<tr><td></td><td>
</td></tr>
<tr><td>width: calc(820px * 3 + 20px);</td><td>position: absolute; top: 40px;
left: 50%; margin-left: -1240px</td></tr>
</table>

```css
style.css
 .notice .promotion .swiper-container {
  width: calc(820px * 3 + 20px);
  height: 640px;
  position: absolute;
  top: 40px;
  left: 50%;
  margin-left: calc((820px * 3 + 20px) / -2);
}
```

3) 투명도 조정 및 버튼 배치

블릿 적용	양쪽 투명도 0.4 적용

1 CSS입력

슬라이드에서 가운데 보여지는 이미지의 투명도를 1로 하고 양쪽에 이미지는 투명도를 0.4로 지정한다.

페이지네이션 블릿은 이미지("./imgs/promotion_slide_pager.png")를 백그라운로 지정한다.

그 다음 액티브 상태의 이미지 ("./imgs/promotion_slide_pager_on.png")를 교체하도록 설정한다.

style.css

```
.notice .promotion .swiper-slide {  opacity: .4;  transition: opacity 1s;
  position: relative;}
.notice .promotion .swiper-slide-active {  opacity: 1;}
.notice .promotion .swiper-pagination {  bottom: 40px;  left: 0;  right: 0;}
.notice .promotion .swiper-pagination .swiper-pagination-bullet {
  background-color: transparent;
  background-image: url("./imgs/promotion_slide_pager.png");
  width: 12px;  height: 12px;  margin-right: 6px;  outline: none;}
.notice .promotion .swiper-pagination .swiper-pagination-bullet:last-child {
  margin-right: 0;}
.notice .promotion .swiper-pagination .swiper-pagination-bullet-active {
  background-image: url("./imgs/promotion_slide_pager_on.png");
}
```

좌우로 이동하는 화살표에 호버를 설정한다.

왼쪽 화살표

오른쪽 화살표

style.css

```
.notice .promotion .swiper-prev,
.notice .promotion .swiper-next {  width: 42px;  height: 42px;
  border: 2px solid rgb(255, 255, 255);  border-radius: 50%;  color: white;
  position: absolute;  top: 300px;  z-index: 1;  cursor: pointer;  outline: none;
  display: flex;  justify-content: center;  align-items: center;  transition: .4s;
  user-select: none; }
.notice .promotion .swiper-prev {  left: 50%;  margin-left: -480px;  }
.notice .promotion .swiper-next {  right: 50%;  margin-right: -480px; }
.notice .promotion .swiper-prev:hover,
.notice .promotion .swiper-next:hover {
  background-color: rgb(255, 255, 255);  color: rgb(0, 0, 0); }
```

참고 문헌 및 웹사이트

참고문헌

1. 문은배, 색채디자인교과서, 안그라픽스, 2011
2. 이웅모, 모던자바스크립트 Deep Dive, 2020
3. 임지순, 권영재 옮김, 모던 자바스크립트 핵심가이드, 2021

웹사이트

1. https://code.visualstudio.com/
2. https://emmet.io/
3. https://greensock.com/gsap/
4. https://swiperjs.com/
5. https://www.canva.com/
6. 모질라사이트 https://developer.mozilla.org/ko/
7. 유튜브 드림코딩엘리 채널
8. 유튜브 온라인 튜토리얼 https://www.youtube.com/c/OnlineTutorials4Designers

인터랙션디자인을 위한
JavaScript

초 판 인 쇄 | 2021년 11월 17일
초 판 발 행 | 2021년 11월 17일

저 자 | 이 길 배
발 행 인 | 김 정 연
발 행 처 | 사이버북스
전 화 | (02)848-6723
팩 스 | (02)848-6724
이 메 일 | cyberbooks@nate.com
홈페이지 | http://cyberbooks.co.kr

ISBN 979-11-91857-46-7 (93560)

정가 15,000원